新手父母

U0030185

熱血教師、in教育發起人
吳俊叡/著

孩子，不該只有一個樣子

體制內教育、框架外學習，
看見每一個需要，擴大無限可能

全臺灣老師都讀這本書就好了！

蔡淇華（暢銷作家、臺中惠文高中圖書館主任）

臺灣的訓輔措施有一套 SOP，但以「人本」思考的吳俊叡老師，在思考如何迎接中輟回校的學生時，會想到「對待生命不能只用 SOP」，所以他和辦公室的同仁費心準備一碗豬腳麵線，讓學生去霉運，再準備一盆火，讓學生跨過後，驅趕黑暗、照亮前方、踏上正途。

俊叡老師說「要讓孩子知道出錯是行為，從來不是他這個人。」所以他要把學校變成一個像家的地方「那不管是誰都是家人，我們決定做家人會做的事。」他甚至為了這校園裡的「家人」而理了大光頭。

當看到剛從少年觀護所「進修」回來的阿凱，頂著一個大光頭出席始業式彩排，因為不願意拿下帽子，和教官僵持不下，俊叡老師隔天馬上理一個大光頭陪他，阿凱看到「一樣的家人」，感動到脫掉帽子往地上丟。俊叡老師說「很多人都注意到他的不一樣，因為只有他一直戴著帽子，但他的『不一樣』

只是為了跟大家『一樣』。」俊叡老師的新書裡，充滿許多這樣讓我泛淚的故事，而淚水的匯流處，是俊叡老師柔軟的心與強大的執行力。

「記得用你柔軟的心，來軟化青少年剛強的心。」俊叡老師說。所以他直接帶著高關懷學生去大賣場服務學習，學生主要任務是陪獨居的阿公阿嬤逛賣場、採買日用品。活動最後，在賣場門口大合照，有位行動不便的阿嬤，牽著剛剛陪他的女同學的手，從購物袋裡拿出一顆蘋果，放到他的手上，說「不會讀冊不要緊啦，但千萬不要學壞。阿嬤要去參加畢業典禮喔，你每天要去學校讀冊喔！」女同學眼角泛淚、一口答應阿嬤，說自己不會再逃學了。我讀到這頁，眼眶又溼了。

俊叡老師擔任學校主任職，處理學校例行公事時，總是會思考活動存在的意義，及怎麼做可以更有意義。就像他想到校園裡上臺領獎的常常是同一種人，通常功課都很好，但局限在

學科能力的獎項，讓很多孩子沒有機會上臺領獎，所以他為被正常體制視為壞學生卻是志工服務界資優生的孩子，設計一場由家長親自頒獎的舞臺。

這件事連打電話通知家長的生教組長都感動到哽咽「主任，謝謝你叫我打這些電話。家長電話接起來，態度和往常差不多冷漠，他們以為孩子又做錯事。但聽到要邀請他們來頒獎，他們都不斷地感謝學校的用心，有人要特地請假，專程要來學校給孩子一個驚喜。我本來以為他們都放牛吃草，原來他們也很在乎自己的孩子。」俊叡也知道「頒獎不會讓他們從此洗心革面、不再犯錯，」但他確信「好的一面被記住了，面對未來，就不會直接認定自己很差很壞。」

俊叡老師就是這麼懂得設計學校的一切活動，或許和他大學念的是成大工業設計系有關──「設計師是要解決問題的！」所以俊叡老師在這本書中，分享他在教育現場，面對棘手問題

時，如何透過創意與勇氣，讓教育在實踐中成為動詞。

這本書不談空洞的理論，所有心法與步驟，都是俊叡老師精心企畫、執行、整理後的實例分享。期待全國的老師都可以閱讀這本書，學習如何將一個有懼高症的高關懷孩子帶上雪山，最後帶著感恩的淚水下山，還要學習如何以六個步驟去執行服務學習，如何在畢旅發起「一筷去旅行」運動，讓義大遊樂世界的服務人員，看到學生都拿出環保杯買飲料時嚇一大跳，感動到說「如果全臺灣的國中生都這樣就好了！」

「與其每天關起門來教育他們，不如讓教育在生活裡慢慢渲染，如此一來，教育的風景一定很不一樣。」俊叡老師多年來在生活中實踐杜威「教育即生活」的真理，今日終於要結集出書了，我讀完後，擦乾感動的淚水，好想對著窗外大喊「如果全臺灣的老師都讀這本書就好了！」

教育是打破上對下關係的討論

魏德聖（知名導演）

二〇一五年，我曾經在我兒子國小六年級時的寒假，請了十天假，和兒子兩個人坐飛機到臺東，然後再以一天二十幾公里的路程，徒步走花東縱谷直到花蓮車站。在這十天裡，我們邊走邊聊邊說邊笑，一起決定路線、一起決定吃什麼、一起決定住哪裡、一起合作解決問題。十天過完，我們父子成了無所不談的「好朋友」。

因為世界各地的影展，我到過不少國家，可能是因為我有一個學習中的孩子，所以我會特別留意不同國家的教育議題。印象最深刻的一次，是在德國的火車上，一個阿嬤級的老師，帶著一群大約十三、四歲的中學生要去校外教學，剛好遇到站務員查票，查到一名跑票的移工。

坐在移工旁邊的學生，問了年紀也是阿公級的查票員「如果我跟你說，他是和我一起上車的朋友呢？」我問了友人得知，當地學生可以帶一個朋友免費上車。只見那個老查票員一邊開

罰單一邊回應「我知道你不是！」接著，這群學生開始七嘴八舌「挑戰」查票員，那個查票員開完罰單後也沒離開，靠著椅背耐心地聽並理性地辯論。阿嬤級老師倒也沒制止或幫腔，只是看著窗外聽著，卻不時笑出聲音。

　　我好喜歡這樣的風景，這是我喜歡的成長模式。教育是陪伴、教育是大人與孩子一起體驗、教育是打破上對下關係地討論和解決問題。因為我實驗過陪伴體驗的十天，因為我看過自由思考辯論的風景，所以非常認同俊叡老師的教育理念，也非常期待孩子們在身心健康的環境裡，有自我實現的一天。

體制內深具代表性與實踐力的老師

倪重華（MTI 音樂科技學院基金會董事長）

　　十多年前，我在一個 Guruji 靈修團體認識了俊叡，當時就覺得這個年輕人很熱情。那時候的他還沒從事教職。後來有一段時間我們斷了聯繫，再次與他碰面時，發現他成為了一位老師，還是在非明星學區的國中擔任學務主任。看到俊叡將他的全部心力投入在教育上，還成立「in 教育」來推廣他正向的教育理念，我很受感動。

　　印象尤其深刻的是聽到他講述陪伴孩子時的親身故事。他說到自己預計準備帶幾個孩子到雪山進行登山課程，其中有一個是剛出獄、復學沒多久的孩子，由於頭髮被剃光了，所以即便天氣很熱，他也總是帶著帽子。俊叡說「你一看就知道他跟別人不一樣（一直戴帽子），但這個『不一樣』，其實是他想跟別人『一樣』。」他問孩子「主任也來剃光頭，跟你一樣好不好？」隔天他就真把頭髮給剃了，師生頂著一樣的頭一起去爬山。

　　俊叡的同理心更讓我敬佩。他為了迎接剛從觀護所復學的孩

子，甚至帶著同仁幫孩子做過火儀式、吃豬腳麵線，他希望讓這些中輟的孩子，回到學校就像回到家，所以用對待家人的方式迎接他們。俊叡說他從陪伴別人的過程，強化了自己的力量。

俊叡的故事讓我聽了落淚，體制內有這樣的老師，帶領這些家境並不富裕的學生，改變了學校的氛圍，我看到俊叡的踏實。他不是文藝青年，是理工科的設計背景出身，他運用自己的所長，將現在最流行的 design thinking 概念，帶到他所處的教育第一線現場，深入社會，解決問題。這本書記錄了他這樣的思維與行動力，是正面臨具體落實一〇八課綱的老師們最需要的。

邀請各位讀者來看這位體制內深具代表性與實踐力的老師，如何用正面角度看待孩子的優點，陪孩子面對當下的生命經驗、接住屬於青少年的喜怒哀樂，引導孩子培育正向的人格及價值觀。讓教師能夠自在地與學生產生流動，並且進一步提高教師在自身工作的價值感及成就感。

用陪伴成為孩子生命的貴人

蔡清華（教育部政務次長）

　　認識俊叡是在二〇一九年全國「Super 教師」的頒獎典禮上，只見主持臺上一位樣貌俊秀、舌燦蓮花卻又不失莊重的主持人，將全場的目光與注意力緊緊 hold 住。整場頒獎典禮就在他的帶動下，不僅過程高潮迭起，穿插的橋段也溫馨感人，所有與會者大概都跟我一樣，度過一個非常愉悅的周日上午。

　　如果讀者以為俊叡是一個奔波於各種展演會場的明星級名師，或一位被教學雜務埋沒的名嘴，那就錯了。看過這本書就會知道，俊叡與學生相處時，柔軟、細膩的那一面。

　　從陪同暴險孩子小科克服懼高症去登山、與學生一起規畫並改變原本無聊的例行活動，進而引爆學生的行動力、讓愛玩手機的學生成為學校臉書的小小編等真實案例，均可看出他發揮創意，營造與各種不同特質學生的不同互動模式，也可以看到他不斷地嘗試，從各個角度看待孩子成長過程的冒險，即便這些冒險不符社會規範，俊叡也試圖從現有的環境中，找到一

絲可以讓孩子展能、進而得到認可的機會。

　　這本書讀來輕鬆、愉快，可是只要知道俊叡除了教學、行政事務外，還有各項校內外服務的繁忙工作，就可以想像他不知道要犧牲多少休息、與家人相處的時間，才能給予學生這麼完整的關心與照顧了。我只能這麼說：能當俊叡老師的學生，真好！

　　精神分析學派心理學認為，人一生中各個發展階段均有所謂的 significant others（重要他人），這些人對於人格的形成有著極為關鍵的重要性。我覺得，俊叡用心地陪伴學生，贏得他們的信任，幫他們尋回失去很久的自信心。即便他們的資質不同，人生的道路中，他一定是這些孩子生命中的貴人。

看似尋常最崎嶇，成如容易卻艱辛

簡財源（佳林國中校長、安溪國中前校長）

　　生命是一個感動的歷程。身為一位教育人，必須有足夠的能力去說服學生，所說的每一句話都足以影響、改變他的一生，而我認為其中最有效的策略無非就是陪伴與感動。我經常引用亞培斯的一段話跟同事們分享，教育的本質意味著「一朵雲去推動另一朵雲，一棵樹去撼動另一棵樹，一個靈魂去喚醒另一個靈魂」。唯有「以真待人、以善涵人、以情感人、以美育人」的理念與行動，我們才看得見教育現場的改變。

　　俊叡是一位不可多得的教育人才，他不但有理念、有行動力，更有足夠的影響力去帶領他的團隊並完成一次又一次的任務。他把十多年的輔導經驗帶至擔任學務、輔導主任各一年，本書創錄了十八則主題、三篇專欄，多才多能及其努力與用心，令人敬佩。本書所收錄的每一則有關偏差行為學生的議題，背後都有一段令人鼻酸的故事，但學輔人員的任務不在重塑故事的完整性，而是把孩子從扭曲的故事中拯救出來，讓他重新走

入人群、看見陽光、感受溫暖。

在友善校園營造方面，誠如俊叡所說「孩子的動機只要被引燃，行動力就會驚人爆發。」從淨塑園遊會、一「筷」去旅行，到「安中有品成功有你」的服務學習，他讓每一個環節的創意構想、巧思安排都深入人心，甚至將團隊中正反意見的最後統合，都能展現他獨特的領導魅力。

最後，我用「看似尋常最崎嶇，成如容易卻艱辛」來形容俊叡過去兩年的心路歷程。我相信這本書不但是俊叡身為一位教育人員的榮耀，更是有心從事教育者的典範。

觀念轉個彎，柳暗花明在眼前

張旭政（全國教師工會總聯合會前理事長）

「教育之實施，應本有教無類、因材施教之原則，以人文精神及科學方法，尊重人性價值，致力開發個人潛能，培養群性，協助個人追求自我實現。」這是教育基本法第三條所明定的。只是法律規定如此，但真正能做到的有多少？

在升學主義與集體管理的思維下，學校與老師往往會設定「標準」來鼓勵學生。為了所謂的「公平性」，這個標準經常是單一、無差別化的。縱然校園的生態已漸漸走向民主、人權，但升學主義的桎梏依然牢不可破，如何讓每一位學生能夠「追求自我實現」，就需要教師發揮熱情與智慧來教導。

俊叡因為主持功力了得，多年來一直是全國教師會 SUPER 教師頒獎典禮的主持人，我也因此而能認識這一位熱血的老師。某一天，他突然跟我說，有一件事他覺得很重要，希望我們能夠推動，於是我邀請他進辦公室向全國教師工會總聯合會所有幹部說明。聽完他的說明後，我們都認為他的觀念和想法正是

教學現場最需要的，因此我們開始合作，努力來推廣他這一套輔導管教方法。

　　對於一般人認為最難搞的高關懷、行為偏差的十四、五歲孩子，其實只要多一點用心去理解、認同、關懷，並給予符合他的成長目標，這些孩子也是會發揮所長，成為一個值得被肯定的人。俊叡以他實際的做法和學生的改變讓我們知道，教育的真諦就在於協助每一個孩子追求自我實現。

　　這是一個發生在我們生活周遭的故事，沒有高深的理論，沒有特殊的技能，卻讓我們看到「化不能為可能」，而且是每個老師、父母都可以做到，值得大家一起來閱讀。

因為有他，教育可以很不一樣

張志成（中華毛克利青少年協會理事長、啓程管顧董事長）

認識俊叡老師是在十多年前的省康，當時我們都還是剛出道的老師，一起擔任全國教師康輔的輔導員。白天看他認真的教學與關心夥伴，晚上一起討論團隊狀況與認真備課，兩周下來朝夕相處，完全體會到這位教育新秀的熱情與影響力，很幸運的在創辦康輔協會的過程，邀請他北上，在教育領域激盪更多火花。

這些年，看到俊叡老師不論在輔導團、學務工作、輔導工作及這幾年成立的「in 教育」等，完完全全都是貼近學生的語言與需求，以期翻轉一個個的學生，讓他們的生命有所不同。不放棄任何一個學生，在他身上已非口號。

在這個仍舊重視菁英教育的大環境裡，他把焦點與視角放在多數親師都感到頭痛的孩子身上。每個老師都希望得天下英才而教之，但真正厲害的老師，是透過影響力把每個孩子教成英才。有句話說，最不可愛的孩子最需要愛，因為他讓更多人

了解從這群孩子身上，我們能學會同理、謙卑、共學與蛻變，還有更多的愛。

有幸拜讀俊叡新書，感受文字裡的能量，還有一位老師對於教育的熱情，每篇文章都讓我置身他與孩子互動的畫面。換成是我，有辦法這樣的持續與堅持嗎，我開始反思。他帶著孩子爬雪山、鼓勵高關懷學生持續做志工、透過各種活動打造學校品牌等，身歷其境的描述，我為這群孩子身為他的學生而感到幸福與光榮，這些校園裡每位老師都想要創造的結果，真的一一實現了。

很多人對目前的教育環境有些憂心，孩子學習動機不足、3C 產品充斥、媒體報導亂象、親師溝通的期待落差，一切問題都存在於教育現場。但就像俊叡老師說的，我們的存在是來解決問題的，這些問題是否可以因為我們而解決。

　　看完這本書，除了重燃熱情，也讓我重新審視教育價值。我可以真誠向大家推薦，沒看過這本書，不要輕易放棄身邊的孩子，沒有聽過俊叡的演講，不要輕易說出孩子真的很難教。我很榮幸有這個好友、兄弟、教育同行者，因為他，教育可以變的不一樣。

用行為感染多過說教的真朋友

米君儒（誠品文化藝術基金會執行長）

　　認識俊叡幾年了，他一直是個前線的教育工作者。多年在校園處理學生各種問題的經驗，他隨口就能說出一個真實故事。能說故事的人很多，但俊叡讓我很佩服的是，他清楚每一個故事的背後，都牽連著一張複雜且破損的生命網絡。

　　身為一個老師、主任，俊叡不是企圖當個短暫的溫暖好人，而是陪著他們跨過一個又一個讓人挫折想放棄的缺口，直到下一步的平坦。他其實很能說，但面對學生，他總是用行為感染他們多過於說教，在這些孩子的生命中，他是真朋友。

　　這書中的故事，我很多都聽過了，但再看一次，仍是充滿感動。面對孩子的問題，他不唱高調，所以沒有大道理，就是平平實實、真心誠意的對待。閱讀完，我深深感受到那種努力背後的溫暖。臺灣各地有著非常多認真盡心的教育工作者，希望我的孩子在青少年時期，也能遇到像俊叡這樣的老師，充滿同理，而且「不切實際」又「不自量力」。

>>> **劉安婷** Teach for Taiwan
為臺灣而教基金會創辦人

「我們不只是教書，更是教人。」看俊叡老師的書，總會被那一份份單純卻不簡單的初衷給打動。有夢想不難，但能將夢落實在每個日常的實踐中，更不容易。相信這本書一定能祝福更多有教育夢的人們，築夢踏實。

>>> **戴勝益** 王品集團創辦人

「喜歡做的事，才會做的甘心與長久」有位企業家如此說。例如愛打球的孩子，在烈日下，可以揮汗狂練，依然興致高昂。不愛打球的小孩，只要五分鐘訓練，就叫苦連天。熱愛的工作，無懼挑戰。厭惡的事情，一點壓力都是折磨，當然不會有所成就了。孩子，本來就有無限的可能，更不會只有一個樣子。引導孩子的興趣，進而鼓舞他們的熱情。閱讀本書，可以找到最好的答案。

>>> **胡佑宗** 唐草設計股分有限
公司創辦人

設計的本能在尋找解答。年歲漸長才體會，好題目遠比解答重要。且看一位熱血鮮師為青春校園的重新命題與「脫格」翻轉教育大課題的故事。

>>> **蔡瑞東** 臺灣家長教育聯盟
副理事長

天生我才必有用，天生我才未必「有」用。每個孩子都有獨特的天賦，關懷不在於形式在於用心、聆聽、陪伴。歸零，才能再出發，讓天賦發光，感恩有您。

>>> **吳忠泰** 政陽文教
基金會執行長

教育應使人對明日有夢！如果教師本身無夢，怎麼和學生相應？俊叡是我所見最願意和同儕和學生一起築夢的人。

>>> **李健維** 國立科學工業園區
實驗高級中學校長

以活動企畫方式融入教學與行政，熱情且具無窮能量的俊叡老師，引導學生成長的經驗，將是未來教師不會被 AI 取代的典範。

>>> 歐陽立中 Super 教師 / 暢銷作家

你知道嗎？當我讀著俊叡老師與孩子們的故事，我想起小時候，很喜歡看的校園劇《我們這一班》。不過書裡的故事，比戲劇還更戲劇化。你能想像每班的問題學生集中到你手上的感受嗎？抽菸的、翹課的、中輟的、打人的、甚至被關過的，多數人避之唯恐不及，但俊叡老師像是心靈捕手，接住這些失速的魔球。他陪孩子們爬雪山、跑馬拉松、做志工服務，這是「溫暖」；他知道光頭中輟生在意別人眼光，自己索性理光頭作伴，這是「義氣」。也許你曾對教育失望，但翻開這本書，你會看見俊叡老師熱血的身影與行動，正為教育帶來無限希望！

>>> 劉仲成 國立公共資訊圖書館館長

教育是引導孩子面對生命的課題，惟有認同，才能打開孩子的心門；惟有激勵，才能發掘個人價值；惟有陪伴，才能成為最溫暖的後盾。本書字裡行間，透露著體制內外教育存在的無限可能，這是俊叡老師與學生間激起的花火，暢議著教無礙育有成，既真、也善、且美。

>>> 邱建智 中華康輔教育推廣協會 副理事長

有時，會聽到有些老師以擅長「打發」學生而自傲，把學生當作問題來解決。我聽了只是微笑，因為我理解這件事沒有花時間陪伴就不會有成效。好友吳俊叡老師是陪伴的實踐者，想沾醬油的老師不要看，這是教你下廚房的真功夫。

>>> 夏惠汶 開平餐飲學校創辦人

世上沒有兩個人是一樣的，陪伴孩子也不只一種模式，我相信教育其實可以很多元，只要老師願意用心傾聽孩子的聲音、學習有品質的對話，就能進一步讓親師生共學共創，並引導孩子順性發展。期許透過書中俊叡親身經歷的故事，能帶給更多老師與家長不一樣的看見，在未來陪伴孩子的路上有所助益。

>>> 賴奕銘 北區輔導桌遊 共學社群主持人

細膩有畫面的文字，彷彿俊叡就在我身邊，帶著真誠溫暖與我分享。分享，陪伴孩子的故事。分享，多元教育的巧思。

>>> 薛春光　中華民國中小學校長協會 榮譽理事長

教育的本質是什麼？也許不容易回答。但是，教育再怎麼改革，都應面對每一位孩子個別差異存在的事實。因此，積極尋找學生多元的表演舞臺，提升學生自我肯定及成就感，讓孩子不該只有一個樣子，絕對是教改腳步再怎麼快、社會變遷再怎麼多元的教育工作者，應該堅持的核心價值。

從俊叡身上，我看到不拘泥陳舊，與學校夥伴一起賦予校園各種活動新氣象，唯一不變的是，總以孩子需求為本、堅持對的價值、共創有溫度的校園，讓父母們能夠對教育有信心，在這「夢想家」裡共同守護孩子的成長。

這本書從學校、老師、親友等不同角色與周遭人事時地物等多元方向切入，作者剖析許多不同孩子的問題與陪伴策略，值得讀者咀嚼、共讀或共學，是一本極力推薦的好書。

>>> 蘇坤芳　南投縣瑞竹國中 前校長

俊叡是我十幾年前，服務於瑞竹國中的老師，為人謙恭有禮，教學認真活潑。不管什麼學生交到他手上，總是能引導他們積極向上，把每一位學生擦得亮晶晶的，所以他廣獲學生及家長的愛戴。即使他離開瑞竹國中多年，學生與家長仍惦記著他。若要說他有什麼特殊魅力，我想看完本書後，就可以了解了。

>>> 侯俊良　全國教師工會 總聯合會理事長

「生命會自行找到出路。」只是生命在找出路的過程當中，如果有更多對生命本身的理解，會讓生命多出更多的選擇。這本書俊叡以他的熱血，豐富了我們對生命的理解。

>>> 卓致遠　致遠體驗設計負責人

就是會被俊叡這個神經病拖著，一起放棄休假、拋家棄子，只為帶給教育環境一些些改變。他用盡全力在重新定義老師的可能性，每次工作坊結業式上，都讓聽講老師哭得亂七八糟的。

>>> 歐耶 起初文創即興引導教練

常想如果我沒有被人接住，現在不知是什麼樣子。常怕如果我沒有接住孩子，未來他會變什麼樣子。還好校園有個熱血的瘋子，帶病毒到處散播種子。因此我能放心託付給老師，因他們眼裡沒有歹子。

>>> 張哲龍 思劇場創辦人暨藝術總監

設計界有句老話「世上沒有錯誤的使用者，只有錯誤的設計。」而俊叡的書讓我們醒悟「世上其實沒有壞人，只有壞的教育。」一個具有設計背景的教育實踐家，懷抱著熱血和創造力，溫柔地凝視著每個孩子全然不同的內在價值。篇篇動人、句句發人省思。

>>> 蔡美瑤 臺東高中校長

俊叡是位有影響力的人。看著書中許多例子，不論是讓有懼高症的小柯願意不畏懼往山峰爬行，或安頓中輟生阿凱、吃豬腳、舉行過火儀式的故事，都讓我掉下眼淚來。學、輔工作不只是 SOP，而是帶著孩子找到勇氣與優勢的過程，希望俊叡這些經驗能激勵所有在教育現場的師長們。

>>> 吳豐光 國立成功大學規劃與設計學院前院長

SARS 那年，俊叡和該組同學克服困難，以熱忱、行動力、智慧和細緻的思維完成畢業設計，並獲得當年新一代設計最高獎。他給我的印象是積極、正向、快樂和勇於負責，當過系會會長和系棒隊長。他現在把教育設計寫成這本書，我極力推薦，期望這革命性理想很快地在每個校園蔓延。

>>> 李柏賢 競爭 LEAD 教育中心創辦人

讀一本書，就像讀一個人。我認識俊叡二十年了，也等了這本書至少十年。我只能說，這個世界上很少有東西值得等待十年的，這本書一定是其中一件。每個老師、家長都知道孩子需要榜樣，也希望幫他們找到好榜樣。然而，沒有人不知道最好的榜樣，就是身為師長、家長的自己。只是，要成為榜樣，也要有榜樣，俊叡就是值得學習的好榜樣。不是要你像他或學他，而是要你深入研究他、體會他，當然很可能你會愛上他。

如果熱血是一種病毒
我希望能在每個校園蔓延

從工業設計師變成學校老師

我大學念的是成大工業設計系,表面上跟當老師好像沒有多大關係,其實關係可大了。因為大學四年影響我許多看待問題的方式,特別是大二胡佑宗老師的設計課。記得當初我設計一個電子遊戲機之類的電子產品,先畫了草圖給胡老師看。

『你用這個顏色是想要傳達什麼?』

「老師,其實這不是我最想用的藍色,只是我沒有那個顏色的筆。」

『那你怎麼不跟同學借呢?』

「我有借過了,同學也都沒有。」

『那可以去買啊,怎麼不去買呢?』

「因為我沒錢。」

『沒有錢可以去打工啊，當然你也可以跟我借，不過我不會借你，不然你跟同學借呀。』……

當時，我是個愛耍嘴皮子的欠揍大學生，但老師從頭到尾沒斥責我、沒給我難堪，笑笑地完全接受我的每一個回答，然後再非常認真地問我問題，直到最後他說「俊叡，我只是要跟你說，你已經是設計師了，設計師不是來告訴別人你有多少問題，設計師是要來解決問題的。」

後來，我沒當設計師，反而當了老師。但胡老師這句話一直伴隨著我到現在，在校園裡只要遇到問題，與其選擇抱怨，我總是會提醒自己「我是個老師，老師是來解決問題的。」

「每一個破壞的力量，如果可以轉向正向，一正一負間是相差是好幾倍的。」當初棄設計當老師正是受到南投白毫禪寺的開山老和尚禪心師父這句話的影響，這是他早期投入青少年中輟教育不斷再講的話。很多時候青少年被視為破壞的力量，與其防堵不如引導，與其對立不如轉化。

　　他曾指著一顆布滿藤蔓的大石頭，提醒我「當石頭硬碰石頭，因為都剛強，只會兩敗俱傷。而藤蔓則可以包覆石頭，因為它柔軟。身為老師，在面對青少年時，記得用你柔軟的心，來軟化青少年剛強的心。」

　　「俊叡，當學生或家長每叫你一聲老師，你有沒有起慚愧心？他們這一聲老師可是帶著多少的期待、尊敬、無助，你可不要愧對他們對你的期待。」這個叮嚀，時刻都在提醒著我，去接住每個來到面前的孩子與家長，也提醒著我要學習地藏菩薩的精神，像大地般謙卑地包容一切、供給能量。

用活動企畫的概念來經營校園文化

　　因為喜歡與人互動，我加入了救國團返鄉服務隊，也因為這樣的機緣成為中華康輔教育推廣協會的理事和講師，我跟著志成、學忠、小馬、小草、柏賢、佳瑞等幾個兄弟一起推廣康輔教育，常有機會到大學或非營利組織去授課，分享團隊經營、活動企畫等。校內學生知道了，就問我「老師，你在外面那麼會講，那為什麼不把我們學校變厲害一點？」

對啊,用嘴巴講團隊領導、講影響力,如果沒有具體的行動和成果,實在是愈講愈心虛。於是,我嘗試把活動企畫的概念拿來經營校園文化,引發學生的動機,讓學生更認同學校,也更快樂更有活力。我期待,因為我的投入,校園可以有些不一樣。

　　「在學校裡,一定會有的是什麼?」在一個都是師培生的演講場合,我問了他們這個問題。他們講出的答案沒有任何學科,也沒有生命教育、品德教育、友善校園、運動會、園遊會、畢業旅行、隔宿露營等,這些看似充滿教育功能,也是從國小到高中,學校花很多時間辦理的活動。

　　「霸凌!」這是許多人第一時間冒出來的答案。除此之外,還有「寫不完的作業」「很凶的老師」「完全沒自由」「功課壓力大」「管很多很嚴」「無聊」「只能念書還是念書」「浪費時間」……,一面倒都是負面的敘述與形容。顯然這些即將為人師表的人,並不認同過去所處的校園環境或教育方式。還好以前教過他們的老師沒有在現場,不然應該很想把這些學生拖回去,再重新教育一下。

有一句說的很到位，就是「教育，是當一個人把在學校所學都忘光光之後，所剩下的東西。」剩下了什麼、留下了什麼、累積了什麼，就成為什麼樣的大人。最後能留駐心中的，肯定是當下發生的深刻經驗。

青少年正經歷探索自我、建立角色的過程，常常面臨擔心、無助、自我否定、怕交不到朋友、怕不被喜歡、怕不被了解、怕被霸凌被欺負，於是覺得孤單、覺得冷、覺得自己很沒用的困境時，我們給的回應竟然是「課本打開來，這題會考，圈起來。」學生已經流著血、驚恐地找我們掛急診，而我們卻告訴他吃飯要細嚼慢嚥、養生很重要。這也難怪彼此距離愈來愈遠。

除了教課外，更重要的是「教人」

我相信，學校除了教課外，更重要的是「教人」。人與人間很多的學習來自於陪伴與對話，而在一個空間裡人與人的對話與相處，就形成這個地方的文化。校園文化、班級文化會是青少年在校園人格與價值觀養成的重要關鍵，只要我們讓愛與價值在這裡充滿，那麼進到這個系統的孩子，就自然地形塑成

長、建立起自己的價值系統。學校是因為有學生、老師、家長、價值才存在。

　　我把在校園裡的人與關係、價值和體制、對話和實踐，寫成這本書，花了好長的時間，從我女兒還是個受精卵，到已經一歲了，書終於要出版了。記得當初陪老婆在月子中心，晚上要把剛出生的女兒推回護理站過夜的路上，走道迴盪的是此起彼落的嬰兒哭聲，我不斷腦補一幕幕曾經看過的虐嬰新聞。

　　腳步愈走愈慢，突然覺得自己好殘忍「女兒回護理站後，不知道會受到什麼樣的對待！」當下決定折返回月子房、自己顧。當我跟朋友 Eileen 講起這件事時，他只冷冷地回應「你現在終於知道，當我們在看過那麼多校園負面新聞，還要把孩子往那裡送時，會有多擔心了吧！」

　　這一刻，我更加理解家長與學生看待校園的角度。可是，我以為學校應該是充滿夢想的地方。因為老師對教育是有夢想的，我們希望教出讓未來社會更好的一群人、在社會各個角落綻放著精彩的生命。

　　家長也是有期待的。他們期待透過老師的教導，他的孩子可以比他們更優秀，過得比他們更好，這是每一位父母的夢想。對學生而言，他們帶著夢想進到校園裡，他們一開始都是對學習感興趣、對未來懷抱著希望，期待長大、期待被看見、期待可以讓父母驕傲、期待可以改變世界。

　　學校是夢想的發源地、匯聚地，因為有很多的夢想家在這裡。學校能不能成為「夢想的家」，老師就是關鍵。於是我不切實際、不自量力地動了想要翻轉的念頭，雖然過程中不免疑惑「自己到底能做些什麼。」後來，我開始相信，如果熱血是一種病毒，那就先從身邊感染起，然後就會蔓延到每一個校園的角落，引燃更多的種子。

· · ·

　　我用熱血寫了這本書，期待讀者因為這本書而重燃教育熱血，然後溫暖身邊的每一個孩子。在主持全國 super 教師頒獎典禮的時候，我說要做到 super 教師其實不難，只要做到「不切實際」和「不自量力」這兩項就足夠了。

不切實際

　　就是不要停留問題的表層，也不被自己的框架給限制，而是要看到背後的希望和價值。本著教育初衷，引領穿越現實的束縛才能前行。

不自量力

　　第一時間看見學生、家長、學校、同仁的需要，不限縮自己的能力、責任，讓自己成為解決問題的起點，不斷擴張自己的極限，用行動力展現影響力。

　　將這本書獻給教育現場的每一位老師。大家都是懷抱理想與使命進到學校，只是時間久了，也累了。讓我們抹去灰塵，照亮彼此，不需要刻意改變什麼，只須找回曾經擁有，繼續耕耘最愛的園地。一起用愛點燃希望的光，就能擁抱幸福。

　　也將這本書獻給跟我一樣擁有小孩的父母，為了讓您們可以更放心地把孩子送到校園裡，身為老師的我們會繼續以不切實際、不自量力的態度，在體制內的教育裡努力，打造更棒的「夢想家」，讓孩子會因為來到這裡而變得更好，也包括我即將長大的女兒妞妞。

面對行為問題
我們可以這樣做

Chapter 1

掙扎中的孩子，
需要搖旗吶喊的鼓勵。

1 站在懸崖邊的孩子
懼高症學生「爬」雪山
陪他們走過青春的恐懼

「不要怕，我陪你。」
一個恐懼的人獲得支撐，
就會願意注視著目標。
信任，讓人展現出害怕的那一面，
這樣才能釋放真正的勇氣。

2 你給的是愛還是礙
師生間不須交換條件
支撐孩子攀越生命困境

山很高，恐懼很大。
只要有足夠的勇氣，就能戰勝這些。
愛有多少，勇氣就有多少，
無條件的愛，讓人不畏懼挑戰。

孩子，
不該只有
一個樣子
CONTENTS

無聊活動變有趣
我們可以這樣做

Chapter 2

孩子只要被引燃，
行動力就會驚人爆發

孩子，
不該只有
一個樣子
CONTENTS

當懲罰已經無效
我們可以這樣做

Chapter 3

讓孩子知道出錯是行為，
從來不是他這個人。

孩子，
不該只有
一個樣子
CONTENTS

不肯面對的真相
最重要！

在暑假開學的專屬登山計畫

　　那年，我帶著一群孩子在「暑假開學！」沒有錯，當別人正在放暑假，就是他們的開學日。他們比較特別（大多數人稱呼他們為高關懷或中輟生），因為平常進不了學校或教室學習，我就帶著他們走出去。打開課本會睡著，那就想辦法打開心、打開眼界，身邊缺乏正向學習的對象，我就站到他們身邊。或許他們早就忘記什麼叫學習了，那就從面對問題開始教起吧！

　　於是，連續兩年我和新北市教育局共同籌畫專屬的登山計畫，這是由一群中年大叔組成，每年暑假花了十二天的時間，拋家棄子，陪著新北市這群在體制內找不到歸屬感的孩子們在「暑假開學」。但是要把他們帶上山，沒那麼簡單。

「我們住的可是比飯店還高級，VIEW超好，冷氣強到想蓋兩件棉被，還是兩個人一間的專屬房間。放心啦，不會讓你們手機沒電！」役男凱翔太優秀了，為了騙孩子上山無所不用其極。想一想，他說的也不是謊話，在三千多公尺的高山上搭帳篷，山景第一排，而且肯定超冷，手機在活動開始我們就會代為管理，所以真的不會沒電。

這完全是詐騙集團的行徑。把他們騙到深山裡，收掉他們的東西，然後還要他們自己背帳棚、食物、炊具等，一個人要背二十多公斤的東西徒步上山。除了登山的課程，我們也在山下安排探索體驗的課程，接下來提到的打架事件，就是發生在探索課的晚上。那晚，睡覺睡到一半，聽到小旦哭著說他在睡夢中被踹了好幾下。

　　本來，大家一度考慮隔天再處理，畢竟累了一整天，時間也晚了，明天一大早還要移地進行課程。後來，我強烈建議當下就處理，設身處地去想，誰都絕對無法接受自己莫名其妙被欺負，老師們卻說「等一等，明天睡醒再處理。」

　　在微弱的燈光下，教官們安慰著被打的小旦，他低著頭、不斷表示想要回家，緊握的拳頭在掌心壓出一道道的指甲痕。另一頭，帶隊老師找來小凱了解狀況，因為就是他踹了小旦，可是小凱臉上有著憤怒跟委屈。

突發事件反映的是長期以來的行為模式

　　其實，我們處理的不單單是這次的打架事件，孩子所反映的是長期以來固定的行為模式。即使雙方都分頭處理，我心裡還是不踏實，好像少做了什麼的感覺。我想到那個小旦被踹的

教室裡，還有好幾位孩子在睡覺，他們也得經歷這個事件。我踢開門，對著房內裝睡的同學大吼「你們還睡得著啊！有同學被打了，你們最好都不知道！再裝啊！白天口口聲聲說你們是團隊，結果你們現在還繼續裝睡！」

本來還有點細微聲響的教室，被我這麼一吼更安靜了，我更火大，繼續吼「不用再裝了啦，我知道你們是醒著，你們真的有把自己講的話當真嗎、真的有去在乎你們的夥伴嗎？還是只是講講而已！身為夥伴的你們，現在絕對不是躺在這邊假裝沒事！」

這時，手機顯示的時間是 12：27AM。我站在門口盯著他們，三十秒之後，阿倫先起身，他問我「主任，我們可以出去找他們嗎？」講完，其他人也跟著站起來（果然是在裝睡），我說「跟我講幹嘛，該做什麼就去做！」

　　半夜十二點多，沒有一個人在睡覺。教官正在處理小旦，帶隊老師則和小凱在談話，還有阿倫這一群人在他們旁邊小聲地討論。我不知道他們在講些什麼，也好奇接下來會發生什麼事，忍不住又問了他們「你們要討論到什麼時候，到底要做啥！」

　　只看他們互推、緩步朝小旦走過去，把小旦圍住。遲疑一下，阿倫先伸出手，其他人也跟著，他們把手搭在小旦的肩膀上，還對小旦說抱歉，表示沒有盡到夥伴的責任，並承諾接下來會保護他，然後，很真誠地希望他能夠跟大家一起，繼續去烏來的課程。我沒想到，他們討論的是這個，我看到一群很真的孩子，這個「真」是在大人身上消失已久的。

　　後來的行程，全員到齊，一個學生也沒有少。在爬山課程裡，教練安排「每日 Leader」，就是每個孩子輪流擔任領導者。

其實，要把不同學校的高關懷生湊在一起，難度超高，走錯路、走太快太慢、哪裡該休息、任務分配等，而且他們沒有菸抽，心情根本美麗不起來，吵架打架是常有的事。

想盡辦法成為孩子欣賞的大人

　　在他們身上我不能只看到刺，而是要看他們缺乏什麼。對我來說，他們像是《綠野仙蹤》裡的獅子、稻草人、錫人，我可以總能做些什麼來填補。

　　缺乏勇氣的小獅子。獅子成長過程缺了勇氣，永遠跟自己講「辦不到、我不行！」急著把他往前推，變成我氣他的不爭氣，他怨恨我的粗暴，彼此受傷。

　　少了智慧的稻草人。沒有嘴巴的稻草人像成長之路孤單的

孩子，缺乏表達情感的智慧，或委屈自己，或假裝沒有感覺，更覺得自己不重要，躲在團隊角落。

失去心的錫人。一次次受傷的孩子，失去情感少了心，演變出保護自己最好的方式——我不在乎、我沒差、我又沒關係。

如果可以，我們要站在缺乏勇氣的獅子旁邊給他力量。如果可以，我們要細心觀察到沒有嘴巴的孤單稻草人，引導他們表達，傾聽他們想法。如果可以，我們別因失去心的錫人自私的表現而生氣，應該是讓他知道我們願意理解他過去傷痕的結痂，接受他們的情緒。唯有給孩子跟過去不同的經驗，他才有可能打開心，重拾感覺。

把他們帶上山，就是要隔絕環境的刻板印象，找機會介入，

改變他們過去習慣的衝突模式，不再持續帶著暴力與恐懼長大。我們希望成為他們生命中的重要他人，透過系統的力量，重寫他們生命的腳本，讓他們知道遇到問題時、承受傷害時，除了暴力，人生還有其他選擇。

　　在山上，我們這些大叔像是棒球比賽的捕手，要指揮著整場的防守隊形，而這群孩子是投手，他們幾乎無視我們的暗號，一下是時數一百五十公里的快速直球，一下又是超級曲球，還有挖地瓜的暴投，我們必須想辦法接住他們丟過來的每一顆球，甚至用身體去擋都不能漏接。不僅如此，還要適時走上前，拍拍投手的肩膀，跟他們說「有我們在，用力投吧！」這麼做，只有一個期待，期待孩子面對情緒時，會想起曾被一群中年大叔影響，重新選擇暴力以外的機會，包括「愛」「原諒」「智慧」和「勇氣」。

你希望孩子長成什麼樣的大人呢？

面對孩子，大人的選擇就是價值觀，孩子會看著我們的言行舉止，然後內化成他們的態度與價值觀。如果當時讓他們繼續睡覺，十年後，孩子談起這件事，只會當做一個「有人被打」的笑話來講，甚至繼續認為暴力是最好的方式。在大半夜把他們叫起來面對，就是要他們記住有群中年大叔硬要他們一起學習看清生命正在發生的事情，並做出該有的應對行為。

不僅改寫他們當下的人生劇本，更希望這些孩子長大、進入社會後，不會成為裝睡的那一群，不要長成冷漠的大人，而是能夠看見自己的責任，能站出來說些、做些什麼的人。其實，不只在山上，在平日的校園或家庭生活中，有更多類似的情況。別忘記孩子是看著身邊的大人長大，然後長成跟他們一樣的大

人。十年之後，你會希望你身邊的孩子，長成什麼樣的大人。

那個夏天，綠野仙蹤真人版上映中。我們每天有二十四小時付出愛，陪他們找回勇氣、智慧和心，完整了他們，也完整了大人自己。我們從這些孩子身上學到克服懼高的「勇氣」、保護夥伴的「愛」和經營團隊的「智慧」。山上是這樣，校園、家庭、日常何嘗不是如此。遇到身邊長滿刺的孩子，不妨試著想「他們是怎麼長到今天這樣子的？」

然後，你就會跟我們做一樣的事了。最終結果不是誰陪著誰，而是互相陪伴。表面上看起來是大人在陪伴孩子，但過程中，作用力與反作用力的化學變化，你會感謝孩子幫你重新找回力量，感謝孩子給的機會，我們才能看到所缺乏的和所擁有的。

Chapter 1

掙扎中的孩子，
需要搖旗吶喊的鼓勵。

1 站在懸崖邊的孩子

懼高症學生「爬」雪山
陪他們走過青春的恐懼

「不要怕，我陪你。」
一個恐懼的人，只要獲得支撐，
就會更願意看著目標，
就會更願意踏出下一步。
信任，讓人赤裸裸地展現出害怕的那一面，
這才是真正的勇氣。

為期十一天的戶外補課

　　小科即將升九年級。他跟大家印象中的中輟生差不多，翹課、翹家、整天在外面遊蕩。抽菸是標準配備，刺青彷彿盔甲般保護著自己。去除掉這些印象之後，我從他們身上讀到的是不服輸（堅毅）的個性。他們的偏差行為常是孤單、不被認同、缺乏愛下的產物。

　　中輟生跟一般學生一樣，也不太一樣，至少他們脆弱很多，為了不再讓自己受傷，常常冷漠而且帶刺。一旦中輟生被認定是一無可取、罪不可赦，這些負面評價才成為他們真正無法去除的烙印，就像小科還來不及讓大家認識真正的他，就已經被貼上「壞學生」的標籤。既然被定位了，每一個中輟生都努力演出這個刻板印象中的角色。

　　於是，他們到學校的時間愈來愈少，缺課也愈來愈多，暑假補課是必要的。平常的課都不想上了，暑假要他們乖乖來補課，更是逼不來。為此，我和幾位老師、教官合作，特地幫中輟生量身打造專屬於他們的課，他們被我們帶上雪山，開始這一堂為期十一天的戶外補課。

走到第三天，我們正在攀登雪山的路上，距離主峰大概還有二、三百公尺，這是最不好走的一段路，不只沿途陡峭，路面還布滿碎石子。我壓在隊伍最後面，遠遠看到前方四、五個老師圍成一圈，似乎發生了什麼事，趕緊加快步伐。走進一看才發現小科癱坐在地上，嘴裡不斷地念著「這裡太高了啦，好恐怖喔，我要下山！」

原來，小科有嚴重的懼高症，前幾天就在嚷嚷著要放棄了，多虧教官、老師、同學鼓勵才勉強走完。此刻大概是氣力用盡又沒自信，畢竟所有同學都往雪山主峰走去了，他的身邊只剩小佑陪著。我走上前之後，刻意用身體擋住小科的視線，不讓他看到深谷，試圖降低他的恐懼。

在這最多只能容許兩個人並肩的山徑，我的登山鞋與萬丈深淵之間，只有高山杜鵑花叢擋著。小佑也靠上來，滿腔義氣的對著小科說「既然看著懸崖會怕，你就把眼睛矇起來，我牽你走。不然，我背你上去！」大家只能圍在小科旁邊，半推半鼓勵，但他好像被下了定身術，怎麼樣都不肯再移動一步。

勇氣早就比恐懼多了

其實，我自己也有懼高症，我知道那一種害怕會有多害怕。我很好奇小科是怎麼走到這的，因為前幾天的路程就有很多驚險的部分。我把疑問丟給小科，他臉色蒼白，連聲音都顯得很虛弱說「被教官逼的啊，我才不想走勒！」

「那你真的很勇敢，怕成這樣還願意挑戰，看來你的勇氣比恐懼還要多很多！」不知道是我的鼓勵奏效，還是不願意讓大家失望，小科再次撐起身體，往前走了大概十幾公尺。很快地，又蹲了下來，再次喊著要回家。

此時，老天爺像是在呼應小科似的，居然下起了大雨。刺骨的寒冷開始掠奪我們的體溫和精力，駐足的我們有一點慌了，難道就要這樣放棄嗎。

登山教練暫時中止被雨水澆落的士氣，要大家把雨衣穿上。我先幫小科穿，小佑也不顧自己，拿著雨衣幫小科遮雨。在三千八百多公尺的高山上，時間緊迫，頂著大雨，還

要顧慮一位有懼高症、全身無力的學生往前走，有難度也有風險。小科仍然癱坐在地上，不要說要登上主峰了，連站起來都很困難。大家都很無助。

　　「如果不敢站起來，就用爬的吧！」永隆老師把手伸向小科。小科還真的屁股坐在岩石上，一手抓著永隆老師的手，一手抓我的腳，開始緩緩地挪動著屁股，又前進了幾公尺。雪山沒有被我們感動，雨繼續打在我們身上，似乎在叫我們不要白費力氣。此時，傳來更令人洩氣的消息。教練表示天氣狀況非常糟糕，就安全性評估，應該馬上往山下撤。說完，他等著我做決定。

　　最初，帶著學生上山，是想創造他們的「高峰經驗」，讓他把獲得的成就感可以連結到未來的生活，多點自信與力量。放棄，真的讓人很不甘心。好不容易把孩子帶到山上，他們靠著自己的雙腳走到這裡了，為什麼這些平常在學校、山下生活已經要面對許多否定的孩子，老天爺連一點點機會都不給他呢。

ᗺ 即使害怕也要正視危機

最後，我和教練達成共識。如果登頂目標太困難，就以前方教練的位置為第二目標（那時距離我們大約十多公尺），或多或少讓小科再移動一小段。

小科因為交通肇事而吃上官司，下山後就要開庭了。雖然他沒有多說，但看得出來他很不安。我希望他在充滿挫折的生活裡，能有一個成功的經驗，讓他知道旁人的眼光、低落的學業經驗，甚至犯錯，都不能阻止自己前進。我在小科的耳邊提醒「就像你正在面對的官司，就算恐懼，還是要抬起頭來。」

「我要自己爬，不用你們扶。」小科喘著氣說。這句話，讓一旁的老師瞬間淚崩，任由雨水和淚水在臉上恣意地流著。小科伸出雙手側趴在前方地面，再使勁挪動屁股，帶著無力的雙腳前進，每一次看他在石礫上摩擦移動，都在我們心上劃出一道道傷痕。就這樣，小科往上前進了一百多公尺，早就超越原本設定的第二目標了。

只是雨真的太大了，有立即下山的急迫性。小科還是只能用屁股下山。我們一樣設定一個又一個的目標，一段一段慢慢地達成，每一次的 give me five，都拍在每一個人的心裡。途中陸續有夥伴從主峰下來，見昌教官和孟霖老師一人一邊，扛著小科往山下走。

　　他們的背影像是戰役結束後，隊友扛著滿身傷痕的光榮戰士返家。在半路上休息時，小科向兩位老師道謝。我順道提醒小科，就像他用行動證明真正的勇氣，九年級之後要好好努力，並面對接下來的官司。這些才是最好的感謝方式。

「那我的勇氣呢。」獅子焦慮地問。

「我相信你已經擁有足夠的勇氣啦。」奧茲回答。

「你只是缺乏自信。遇到危難時，任誰都會感到害怕，

而真正的勇氣就在於儘管害怕，卻依舊選擇正視眼前的

危難。這種勇氣，你一點也不缺少。」

—— 摘錄自《綠野仙蹤》

小科帽沿下的雙眼盛滿眼淚。或許是感謝，或許是感動，也可能是對未來的恐懼。即使恐懼短時間內不會消失，但我想讓小科知道，他已經證明自己擁有足以對抗恐懼的勇氣了。小科所承受的，比同年紀的孩子多很多，但他在雪山的見證下，無所畏懼的勇氣勳章已經被烙印在他的身上，也刻畫在我們這些大人的心上。

2 你給的是愛還是礙

師生間不須交換條件
支撐孩子攀越生命困境

山很高，恐懼很大。

只要有足夠的勇氣，就能戰勝這些。

萬一勇氣不夠用，該怎麼辦？

沒關係，愛夠大就好了。

愛有多少，勇氣就有多少，

無條件的愛，讓人不畏懼挑戰。

陪他走，幫孩子站上生命之巔

如果說，山是一個大教室，在這個教室裡，沒有師生之分，彼此都是同學，都平等地跟這塊大地學習。

教學現場何嘗不是這樣，誰說老師一定得高高在上。試著用對等的眼光來看待孩子，就會發現他們有很多生活情境，是我們未曾經歷過的。謙卑且真誠面對彼此，雙方都會受益良多。

下雪山後的日子，在我遇到事情、覺得麻煩、想要逃避時，總會想起在山上的那十一天，雪山和學生用生命教我的事。就算有些細節會忘記，但我知道山一直都在。下了山的小科，持續走在崎嶇的人生道路上。

十四歲的年紀，他所處的環境左右為難，一邊是因為愧疚回不去的家庭和無法接納他的體制教育，就像堅硬的山壁。另一邊則是充滿毒品、犯罪、幫派誘惑的萬丈深淵。他一個人孤單地走在布滿碎石的小徑上，必須小心再小心，因為一失足就是千古恨。

小科不是第一個，也不會是最後一個，我會繼續當站在懸崖邊的老師，牽著一個個帶著恐懼，從我身邊經過的孩子。像小科一樣、站在懸崖邊的孩子，每一個校園都有，他們害怕、逃避、頂撞、反抗、孤立無援，無法轉彎、進退不得、直到氣力耗盡、跌坐在地，或悄然離開，或消失於山徑，或在原地徘徊。

　　要是我能站出來、擋在懸崖邊，陪他們走下去，或許他們就有機會繼續往前，站上自己的生命之巔，看到不同以往的人生風景。

　　還記得攻頂那天，休息過後，小科可以自己行走，我們並著肩、走下山。他問我「主任，你不覺得你沒能登上主峰有點可惜嗎？」因為跟孩子相處久了，我知道這是他們表達的方式，他或許對於我為了陪他而沒能攻頂正感到愧疚吧。「你知道我為什麼會來爬山嗎？」我反問小科。

別把大人的願望，當成孩子的渴望

「因為你喜歡，想要爬？」我搖搖頭，繼續往前走，聽著他跟上的腳步聲，我繼續說「我不是因為雪山而來，雪山又不差我一個人來爬，我是因為你才來的。既然是因為你才來，只有我們一起登上雪山，才有意義。」小科靜靜地聽。

我告訴他，如果丟下他，自己一個人上山，那就失去來雪山的意義了。要是動心起念是為了登上主峰，我自己來爬就好了啊，幹嘛帶他來呢。小科一樣沒搭話，但我其實更擔心他因為沒上主峰而挫折。

其實，小科懼高的程度，早就可以讓他舉白旗、放棄了，可是他沒有這樣做，堅持走下去，讓我見識到什麼叫真正的勇氣。反而是我們這些大人才要謝謝他，因為他，我們才能看到更漂亮的風景。

「你已經讓雪山見證到你的堅毅，所以我已經完成了此行的任務了。」我也期許他永遠記得這份勇氣，一輩子帶著

這個力量繼續面對人生，即使我不在他身邊，即使未來充滿變數與困頓。我告訴他，我相信他。小科腳踩著碎石的聲音，似乎在回應我的期待，也掩飾微微啜泣聲。後來，我們沒人再開口，但彼此都懂。

對這些孩子來說，登上主峰到底是他自己的渴望，還是只是為了滿足大人的願望。沒能登上主峰，是因為無法達到自己設定的目標而難過，還是因為沒辦法滿足大人（尤其自己在意的人）的期待或要求，害怕失去曾經擁有的關心和愛，所以感到害怕、挫折與無助。

下山之後，我收到小科寫的卡片「要不是山比我高，我就爬上去了。不過，沒關係，我知道你愛我，愛到比雪山還高就夠了。」看他這樣寫，我一方面感動他有感受到我對他的愛，另一方面也鬆了一口氣。當初，若因為他不能繼續爬就責怪他，他肯定會覺得自己很差。

🐦 我們給的是「愛」還是「礙」？

經過這一次為期十一天的戶外補課之後，我們師生間的連結更加穩固。他沒有因為做不到而自我否定，內在的勇氣反而更充足了。可惜，更多時候在學校、在家裡，只會發生相反的情節，大人以為的愛之深、責之切，恐怕讓孩子自信心愈來愈低落。不然，小科也不用用刺青、抽煙，來武裝自己、疏離他人了。身為師長不妨檢視一下，給孩子的是「愛」還是「礙」。

不談條件的愛

有條件的愛，雖能讓孩子致力達到目標，卻是因為怕失去愛而不得不如此。這樣的愛會讓孩子願意努力，但也會引發孩子的擔心，擔心萬一沒達標，大人就會不愛他，全盤否定他。這讓他們害怕失敗，在面對困境時躊躇不前。

只有孩子知道「無論如何，大人都會愛他、他很值得存在，能擁有源源不絕沒有差別的愛」，才會使他更無懼的面對考驗。如此一來，孩子會帶著大人的愛去攀登自己心中的高峰，能夠活出自己，而不是完成大人的期待而已。

一起長大的愛

青春期的孩子最常抱怨的是父母不在乎他們，或認為學校老師不喜歡他們。大人當然不是不愛，而是孩子愈長愈大，面對的困難跟著變大，但是父母給的愛，往往還是跟小時候一樣多，他們忘了孩子長大，要買大一點的衣服，愛也要給多一點。

偏偏表達的愛愈來愈少，要求卻愈來愈多。當孩子面對困難，卻始終沒有獲得愛的經驗時，他們就會覺得不被認同。準備好滿滿的愛，讓孩子帶上旅途，他們才能攀越屬於人生的那座高峰。

3 逃跑少年跑上國際賽道

從抽菸、蹺課、討厭學校
到拿著校旗跑馬拉松

學生的身影愈來愈模糊，

慢慢地消失在我眼前。

這些孩子曾躲在學校廁所、儲藏室睡覺，

或抽菸、蹺課，一心想著逃離校園。

此刻，他們拿著代表學校的旗幟，

跑在國際賽道上，為學校跑，也為自己跑。

用不合理信念，打破合理現況

上課時間我巡視著校園。一打開廁所儲藏室的門，竟看到四個學生躺在厚紙箱上睡覺，我吼著「你們全部給我出來。上課時間躲在這裡，還搞得像流浪漢一樣！」我揪著阿志的領口，前後搖晃「如果要這樣，就把衣服脫掉，你不配穿上我們學校的制服。」他是四個人中年紀最大的，卻帶著三個學弟鬼混，讓我最生氣的是，他之前信誓旦旦告訴我，他不要再混了，會努力變好。

這是教學現場的真實情況。每所學校都有這種融入不了校園、融入不了班級的學生。他們通常學業低成就，伴隨行為偏差。不少學校選擇睜一隻眼、閉一隻眼，認為他們不要使壞就好，不要來學校更好，這樣學務處、導師就不用在他們身上耗費太多心力。導致這些學生樂得輕鬆，在校外逍遙，與學校保持美好距離，以策安全。

站在老師的角度來看，這些孩子來學校不是睡覺，就是吵鬧，不管他們會影響課堂的秩序，要管他們又會影響到上

課的進度，有時還會起衝突，這大概是老師寧願把有限的心力，花在其他同學身上的一大因素，畢竟「投資報酬率」比較高啊。

一個班有三十多個學生，要上課又要管秩序確實辛苦。老師會有這樣的想法，很合理。這些學生深感挫折而少來學校、和同學漸漸地生疏，乾脆蹺課不來，也是合情合理。但，這不是最好的結果。

在教育上想要發生改變，就得思考「不合理」的想法跟做法。讓孩子變好，是每一位教育工作者對自己的期許。保障學生的學習權益，則是學校的義務與責任。偏差的學生對外接觸不 OK 的環境，在家又面臨不穩定的關係，學校將會是他們最後一個機會、最後一道防線。擔任學務主任時，我能做的就是想盡辦法讓他們回到校園，回到老師的身邊，能多一分影響是一分，能影響一個是一個。

推力和拉力都要使上。為了把他們從外面推回來，我和生教組長時常巡視學校附近的宮廟、早餐店、撞球間等，

也和家長保持聯繫。為了杜絕他們回校後再蹺課，只要一發現人不在教室了，就馬上廣播，這招蠻有用的，就碰過有學生翻牆後，聽到廣播又翻回來，或同學聽到廣播，趕快用 LINE 通報蹺課同學，叫他們回來。

逃跑少年改跑國際馬拉松

把學生「逼」回校園後，就要有留得住他們的吸引力。我跟這些學生保持不錯的關係，他們會說看我的面子才來學校。但這樣更難過，因為他們回來是回來，要不就躲起來、不肯進教室，要不就是人坐在教室裡卻「無魂有體」，早上七點半到下午四點鐘，早上是動物，中午變植物，坐到最後變成礦物。沒有提供適合他們的課程，我還真的寧願他們通通都蹺課。

一般的學習目標不適合他們，他們最需要的目標是人際關係、信心、自我挑戰、榮譽心等，這些更切合他們未來進入社會時的需要。除了高關懷班的課程（就是把一些常蹺

課、抽菸、打架且對課業沒有興趣的孩子,從原班抽出另外安排課程)之外,對這群難以進入體制內的學生,我能為他們做些什麼。

正在苦惱沒有資源時,教育局正為籌辦全市路跑和登山的計畫,在尋找承辦人,因為要處理全新北市的業務(很辛苦),沒有學校想接。當下,我義不容辭接下這個任務,因為這完全是天上掉下來的禮物。我開始相信《牧羊少年奇幻之旅》裡說的「當你真心渴望某樣東西時,整個宇宙都會聯合起來幫助你完成。」

接下來,要做的就是說服學生了,畢竟腳長在他們的身上,威脅利誘總是要的。我告訴他們,參加路跑可以光明正大的離開學校、表現好的話還可以記嘉獎,並特別再三強調「數量有限,名額不多」,一講完馬上有十個人報名。後來,我找來時任總務主任中明當教練和承瑋老師當助教,開始了馬拉松訓練。一個禮拜要練習兩次,還有一天要去後山練跑。

第一次練習時，有的人穿籃球鞋，有的人穿帆船鞋，連皮鞋都穿來了，搞不清楚他們到底是要跑步還是要跑路。正苦惱著該如何解決鞋子問題、一度還想要帶他們直接去賣場選購時，竟然接到教育局覺教官的電話，原來他已經替我們的學生爭取到慢跑鞋了。

為了增加儀式感，讓這些逃跑少年把這件事當一回事，我們還正式舉辦「跑跑少年始業式」，由校長進行授「鞋」儀式──路跑隊成立，目標萬金石馬拉松。

練習的過程，要鬥智、鬥體力、鬥速度，狀況不斷。有天，助教跑來找我，說追不上國中生的腳步，決定改成騎機車陪跑。我一聽很開心，以為是他們進步神速。一問之下才知道，他們事先把菸先藏在山裡，練跑時就拚盡全力甩開助教，跑去山裡抽菸。搞得我一度想把菸放在萬金石馬拉松終點，那他們一定拿第一。

▶ 這一刻，我們靠得好近好近

終於，到了萬金石馬拉松。由於活動開始的時間很早，前一晚我與生教組長陪學生在學校團輔教室過夜，預計當天凌晨三點出發，才能準時在六點五十抵達參賽現場。晚上校長專程帶了宵夜來鼓勵孩子，還直接向他們下戰帖，說跑得贏他的，就有神祕小禮物可以領。對於校長的提議，屁孩一副勢在必得的樣子（他們不知道的是，校長可是馬拉松常客呢）。

那一刻，大家邊吃宵夜，邊把號碼牌別上背心。能夠這樣和師長話家常，大概未曾在這些學生身上發生過。偌大漆黑的校園裡，只有團輔室的燈還亮著，不時的嘻笑聲，就在這個他們以前拒之千里之外的校園裡迴盪著。這一刻，師生的距離變得好近好近。

到了賽事現場，天還未亮，國際賽事的氛圍讓每個學生都肅然起敬。天還下著雨，似乎要考驗這些孩子的訓練成果。我特地帶了校旗和關東旗，並在起跑前交代孩子，拿著

校旗跑，讓大家看到我們，看到我們的學校。我說「別忘記這段時間有多努力，讓大家看到我們的厲害，今天要靠你們為校爭光！」

由於前一晚我根本沒什麼睡，還一大早起床，起跑後，我只能跟在人群裡緩慢移動。看著孩子背著校旗正快速地往前竄，他們的身影愈來愈遠，直到消失在我的眼前。這些快到看不到車尾燈的孩子，是原本進不了校園、進不了班級、只能躲在儲藏室的孩子，是原本在校外跑給我們追的孩子，但此刻他們代表學校，跑在馬拉松的國際賽道上，為學校而跑，也為自己而跑。

雖然賽前有密集特訓，但可能是平常菸抽得太凶、作息又不是很正常，有幾個人跑到後來臉色都發白了。我則盡量穩定我的跑速，沿途超過了幾個同學，當然也有人超過我，不知不覺就跑過了折返點，進到隧道。本來邊跑邊打屁聊天的聲音，變成互相打氣鼓舞的對話，最後，慢慢地被急促的呼吸聲給取代。

🔹 掙扎中的孩子，需要搖旗吶喊的鼓勵

「終點就在前面了，再撐一下，不要放棄！」等我回過神時，已經有學生在終點等著了。到了終點，聽著他們興奮地分享經過。回想剛剛其實有幾位同學都想要放棄，卻因為彼此才撐到終點。在他們放棄來學校之前，是不是也曾經有掙扎的階段，只是那時候的他們只有一個人，少了這些搖旗吶喊的夥伴。經過這場馬拉松，他們會知道，自己沒有比較差，甚至可以不斷地超越身邊的人。

學校的生教組長平常見到這群學生是金剛怒目、大聲喝斥，今天卻始終等在終點線殷殷期盼、大聲加油，還拿著衛生紙幫學生擦汗，真的像媽媽在照顧小孩。這是在學校很難出現的畫面，看到這一幕時我很是感動，還好來得及在眼淚還沒滴落前仰起頭。

賽後，我們爭取上臺跟時任新北市教育局長合影。回到學校後，我又特別安排他們在全校師生面前頒一次獎，甚至公開報紙刊登的內容，讓每一位學生都看見。後來，藉由這

個機會，不斷地提醒這些孩子，他們是代表學校的路跑隊，要更注意的自己的言行舉止。

我相信，既然他們曾經花心力去守護校園，就不忍心去破壞。曾經花時間征服過的挑戰，就會銘記在心。曾經擁有過的成就感，會讓他們記得那種感覺而期待再次重現。

長期接觸這些孩子，我發覺他們通常很孤單。即使他們經常遊蕩，但還是不會離學校太遠，或許是渴望靠近其他同學一點。這些為了朋友逞凶鬥狠的孩子，會不會換個場域、換個引導方式、換個學習目標，就能將原本的血氣方剛，用在對的地方。

給他們跑道、方向和責任，躲避老師的「跑路」少年，就能換個地方，奔馳在正確的路上，找到自己的人生跑道。這樣一來，他們才能昂首闊步離開校園，為著在意的人事物努力，並帶著信心進入社會這所更大更廣的學校。

4 看見孩子的另一面

高關懷生的志工服務
屁孩成為陪伴長者的天使

連基金會社工也一直稱讚，

完全想像不到這是一群平常跟老師對嗆、

經常打架、逃學、缺課的孩子。

害得我都有點錯亂了，

平日的小惡魔竟全突變成天使了？

教室待不住，就帶去教室外面學

我看過一則網路笑話。某日，小駱駝問媽媽，為什麼自己有長睫毛、厚厚的蹄和皮膚和又重又醜的駝峰。駱駝媽媽說「風沙來的時候，睫毛可以抵擋風沙、看清楚方向，厚蹄在沙漠中方便行走，厚皮則讓我們不會晒傷，駝峰可以儲水，超好用。」小駱駝好像想到什麼似的問「那我們為什麼住在動物園。」駱駝媽媽只說「問這麼多幹嘛。」

在我看來，有些學生就像是這頭小駱駝，被關在學校裡，拚命地要他們學習知識，當他們問「為什麼要學這個」時，只會得到「長大你就知道！」的答案。疑問沒有獲得解答，學習過程又充滿挫折，乾脆就不學了。不想進教室、問題行為出現，變成所謂的「高關懷學生」。面對他們，用蠻力抓回水泥教室、逼他們學習，他們肯定坐不住，無處發揮的旺盛精力就會用來做亂與反抗。

高關懷的孩子很需要他人關心。他們通常不太會控管情緒、表達想法，而且缺乏自信。或許適合他們的課程根本不

是在教室裡，得想辦法創造舞臺和機會給他們，幫他們找回成就感。要玩就玩真的，與其設計活動，不如面對真實情境，教他們的不一定要是老師。學科學不好，那就學習如何關心他人、服務他人，或許能提升他們自我價值。於是，我歸納了幾個想法：

秉持著這樣的理念，我們與弘道老人基金會合作。我和輔導老師直接帶著高關懷學生去人潮聚集的大賣場進行服務學習，屁孩的主要任務是陪獨居的阿公阿嬤逛賣場、採買日用品。看到身軀羸弱、頭髮斑白的長輩，對比白目、不知天高地厚的 8＋9 屁孩，我有點擔心，本來只是行動不便，被這些整天抽菸、打架的孩子服務完，會不會直接不能行動，那真的罪孽深重。只好不斷地行前教育「阿公阿嬤年紀大、有重聽，跟他們講話要大聲，記得要有耐心！」……

「我爺爺都我在顧，大小便也我在處理，這個我很厲害啦！」「我常跟阿嬤去買東西，知道怎麼辦，主任你走開，交給專業的來！」唉，就是這個調調，讓我更擔心。我等著看他們到底會怎麼做，請老天爺保佑，不要出差錯就好。

問題學生變志工服務的資優生

　　隨行的幾位老師跟我一樣放心不下，只好假逛街之名，行監督之實，在賣場裡巡來巡去。沒想到，幾個孩子把長輩顧得服服貼貼、有說有笑，經過我們面前還會抬起下巴、挑一下眉毛，彷彿在說「看吧，就說我 OK 的！」有時，還有長輩稱讚加持，他們更驕傲了，我是在心裡暗爽（覺得他們沒讓我失望）。

　　活動最後，大家一起在賣場門口大合照。有位行動不便的阿嬤，牽著剛剛陪他的女同學的手，從購物袋裡拿出一顆蘋果，放到他的手上，說「袂曉讀冊無要緊啦，但千萬不要學壞。你每天要去學校讀冊喔，阿嬤要去參加你的畢業典禮！」

女同學一口答應阿嬤，說自己不會再逃學了。聽到這真是感慨萬千，平常怎麼念都沒用，看來我應該要準備幾顆蘋果才對。

這些被正常體制視為壞學生的孩子，根本就是志工服務界的資優生，那些成績名列前茅的學生，能做到這樣的程度嗎，連我都很難做到吧。基金會社工也一直稱讚，他們完全想像不到這一群是平常會跟老師對嗆，會打架、逃學的孩子。我都有點錯亂，怎麼平日的小魔鬼，突變成天使了，太不科學了。當然，孩子自己也很開心，畢竟被稱讚成這樣子，他們的嘴巴笑到都闔不起來了。在他們的生活裡，大概鮮少有機會得到肯定。

校園裡，上臺領獎的很容易常常是同一群人，他們絕對很努力，很值得被肯定，通常功課都很好。局限在學科能力的獎項，讓很多孩子沒有機會上臺領獎，即使有值得被獎勵的表現，卻只能被抹去這些亮點。

曾經擔任臺北市文化局長，也是音樂圈教父級人物的倪重華就證明了——多元價值展現，比起單一學科更重要。他

在母校六十週年校慶時，被找回去領傑出校友獎，分享得獎感言時他笑說「這是我人生第一個獎。以前我讀國小都考倒數五名，現在竟然可以回學校領傑出校友！」

因為自己是這樣走過來的。他這樣講除了要對那些不會讀書的同學喊話，更提醒體制內的教育者，若能更早發掘不同特質，並正向鼓勵與協助，這個獎或許就不用等幾十年了。

不是孩子沒變好，是大人沒改觀

我好像比大多數師長更可以接受高關懷學生，事實上，我只是站在我的角度看他們，並沒有真正進到他們的世界。陪伴長輩的過程，真的是重重敲了我一下，原來把他們帶到不同的環境裡，他們就會呈現出不同於刻板印象的樣貌。

大人太習慣貼標籤了，久而久之，這些孩子就會呈現我們認定的樣子，或許是他們故意壞給我們看，也或許是他們變好，大人卻不願意改觀。

很多事，是師長平常看不到的，在看待他們抽菸打架等問題行為時，也應該打開另外一個視窗，看看他們這良善的一面。如果校園能創造機會，讓孩子呈現自己的特質，對立的師生關係應該會發生變化。高關懷孩子和一般孩子一樣，都需要自信。基金會社工很用心，幫每一位學生準備感謝狀，我決定在全校面前表揚他們。

　　本來，我想照慣例利用升旗時頒獎，讓他們的好行為繼續被增強，讓全校師生都看到他們好的一面。但為了延伸影響的層面，決定請家長來為孩子頒獎。過去，這些孩子的家長接到電話，通常都是孩子出狀況，幾次下來家長愈來愈冷漠，老師也不想打電話。但這次我們有義務讓家長知道孩子的好。我擬好通話草稿給生教組長後，就先回家了。

　　當晚八點多，突然接到生教組長的電話，聲音有點哽咽「主任，謝謝你叫我打這些電話。家長電話接起來，態度和往常差不多冷漠，他們以為孩子又做錯事。但聽到邀請他們來頒獎的來龍去脈後，他們都不斷地感謝學校的用心，還有家長要特地請假，專程要來學校給孩子一個驚喜。我本來以

為他們都放牛吃草，原來他們也很在乎自己的孩子。」

講完這通電話，我也感動到眼眶溼溼的。因為職務關係，生教組長必須嚴格管理，所以和家長、學生相處起來，關係也會比較緊張。藉由這次的互動，多一點正能量的傳遞，修補一下校方和家長的關係。

隔天的頒獎現場，可以感受到孩子很不自在，可能因為他們沒有上臺領過獎，特別是看到家長的那一刻，他們完全出乎意料，就像說好的那樣，眼光全都投向我，彷彿在抗議「幹嘛找我家人來啦！」

我聳聳肩，兩手一攤，用奸笑回應他們。我是用笑來強忍激動的情緒，以後當他們也有了下一代，至少可以驕傲地跟孩子說「我讀書的時候也拿過服務獎喔！」臺上幾個家長有點害羞卻掩飾不住開心，他們正為自己的孩子感到驕傲。

掃描看更多！
邀請家長到校頒獎
的電聯講稿

試著改造校園裡的例行活動

學生的某一面，只有一面，那不能代表他們，不是只有好成績才需要鼓勵，志工服務、熱心助人，也是教育很重要的一環。雖然孩子領獎時的動作有些扭捏和僵硬，但這是讓他們看見自我價值最直接的方式。不管過去如何，隨時可以重新開始。把可能的舞臺都準備好，等著讓大家知道這些孩子的好。

頒獎不會讓他們從此洗心革面、不再犯錯，但好的一面被記住了，面對未來，就不會直接認定自己很差很壞，而是擁有重新檢視能力的機會。對大人而言還有個好處，就是他們想做壞時，可以虧他們「上臺領過獎的人耶，怎麼可以為非作歹勒。」這真的比大聲訓誡還要有效。

過去擔任學務主任時，常會去思考一些例行活動存在的意義、怎麼做可以更有意義。這次頒獎典禮的設計就是這樣來的。頒獎的目的在於延續記憶、強化感受、傳遞價值、改變群眾行為。當我不過是把頒獎拆解成幾個元素再重新排列

組合，就有很不一樣的效果。簡單調整，小小動作、大大突破，每個人都能得到不同的學習。

老師、家長本來就是站在同一陣線上，必要時刻要互相做球給對方，例如孩子在學校表現好的時候，可以刻意告訴家長（不是只有不好的事才通知），家長聽了不只高興，也會更肯定自己的孩子，當他把這件事傳達給孩子，孩子會為了維持自己的好形象，更加謹言慎行。一點點的改變，就可以把親、師、生三者串在一起。

至於帶孩子去做志工服務等校園外的活動，讓他們有舞臺可以展現課業之餘的能力，累積孩子的成就，師長也能藉此觀察到他們有別以往之處，找到稱讚他們的機會。

重視孩子在微小地方的努力，有助於這些潛力和優點繼續發展。每個孩子身上都充滿著各式各樣的美好，唯有去挖掘、去發現，才能看到美景。更重要的是，帶著孩子、陪著他們一起打開心內的窗，並透過大人的眼睛，引領他們看見自己生命的可能。

5 建立平等的夥伴關係

與反目的老師和好
也是和過去的自己和好

這堂課沒有課表、沒有進度，

學生要與過去有摩擦的老師和好，

並嘗試一步一腳印地解決問題。

當老師願意從旁引導，

這群缺愛的小鬼不僅學會感謝，

還成為愛的發電機，想付出更多。

📷 便利商店開始的「創業」會議

「老師你現在有沒有在學校？我們想要捐錢給學校。」電話那頭傳來我帶過的高關懷學生的聲音，他已經畢業三、五年了。我滿頭黑人問號，一瞬間搞不懂他到底要幹嘛，懷疑自己是不是聽錯了。他繼續說「真的要捐錢啦，我們直接去找你講。」

這群說要來「捐款」給學校的學生，當年在學校可以說是戰績彪炳。國一剛入學就直接找國二學長的碴，找完國二繼續找國三，嗆老師更是家常便飯的事。目的無他，就是為了樹立地盤、當老大。對於這樣的孩子，我通常都「高度關懷」以報。

他們是我第二年帶的高關懷班孩子。那時，我為了進一步延伸師生的互動與關係，想讓學生主導性多一點，我多半扮演引導的角色。第一步很重要，為了讓他們感覺「不一樣」我帶他們到學校旁的便利商店喝咖啡，這是我們的第一堂課。透過場域和情境的轉換，重新定義彼此的身分。

「這裡不是學校、不是教室，所以我不是老師，你們不是學生，我們是夥伴關係，是平等的關係。」我繼續說「既然不是上課，我就沒有要教各位什麼，我們是在『開會』討論這個學期，我們能一起完成什麼事！」

那時都國三了，很快就要畢業，但大家對他們的印象還是停留在害群之馬跟幫派流氓，根本不想靠近他們。

「敢不敢在畢業前做一些不一樣的事，趁機改變大家對你們的印象？」我問。「敢啊，怎麼會不敢！」眼前幾個孩子異口同聲，馬上答應，只是問得也很快「要怎麼做才好？」這次，我決定不給它們任何答案，我等著他們自行「開會」討論出來。

就這樣，我陪著他們在便利商店開了好幾次會、喝了很多次咖啡之後，這群大家眼中的８＋９學生，用他們平常「說髒話、幹譙老師」的嘴，討論出一個企畫案──煮咖啡賣給學校老師。

這跟一般課程很不一樣，沒有授課大綱、沒有授課進度、沒有老師，我能做的，只有陪孩子發現問題、面對問題，並從解決問題的過程中，讓他們學到東西、體會到人生。只是這個企畫案的第一個問題，就大到讓我懷疑人生：要賣咖啡，但是不會煮咖啡！

學會用經驗去解決問題

這些小鬼平時江湖一隻嘴，講話「胡蕊蕊」，說要賣咖啡，只是嘴，說的天花亂墜，結果根本沒有人知道怎麼煮，當詐騙集團還比較快。其實，前一個學期的高關懷課程就有「咖啡課」，只是都是老師負責示範（煮）、他們負責喝，知道怎麼煮的頂多就一兩位而已，說會煮也是勉強，因為煮出來的味道也怪怪的。

「現在該怎麼辦才好？」我把問題丟回去給他們，雖然我猜也知道，他們應該早就發現問題的存在了。遇到問題時，就要他們開會，他們的會議結論竟然是「希望咖啡課老

師能加課，幫他們特訓。」然後，他們還討論出分組學習，目的是強迫不會的人要練到會。高關懷學生主動要求加課，也是我當老師後頭一次聽說。

特訓課程一開始，教室裡根本沒有咖啡香，只看到黑色的半透明液體撒滿桌，聽到杯子破碎聲、還有我心碎的聲音（杯子又破了一個啊）。不過，慢慢地有咖啡的味道出來了，愈來愈濃，愈來愈香。練習過程裡，彼此「鼓勵」的對話從沒少過，即使運用了不少「語助詞」。咖啡補救教學就在不斷「Ｘ」來「Ｘ」去，與微帶暴力與恐嚇的分組合作下，圓滿落幕了。

「可以幫我們問有沒有老師要買咖啡嗎？」第二個請求很快就來了，我當然婉拒，繼續請「小老闆們」開會、想辦法。為了讓學校老師知道他們在賣咖啡，他們花時間製作宣傳單，不要以為宣傳單有多精美，而是因為錯字太多、字不會寫，拼拼湊湊下才勉強完成。後來，他們還陸續做了訂單和輪值表，送飲料、收錢、確認訂單、洗杯子等，所有崗位都各就各位。

本來以為處理訂單會手忙腳亂，結果並沒有，因為根本沒人來訂啊。我偷偷去問了幾位老師才知道，他們去辦公室就只是把傳單放著，連老師主動開口問他們要幹嘛，他們也不敢講。我感覺得出來他們的逃避，大概是不知道該如何和人互動，但這何嘗不是介入的好機會。

「平常你們去便利商店買咖啡的時候，店員都會怎麼說呢？」我嘗試引導他們用經驗法則來做生意。「歡迎光臨！」「咖啡第二杯七折！」「可以寄杯喔！」他們七嘴八舌模仿了起來。我趕緊接著說「對啊，這就是服務態度。」我鼓勵他們用服務的精神去賣咖啡，而不要只覺得自己要賺錢，不然會覺得是在推銷、勒索、收保護費。

一個客訴，終結三年來的惡習

服務態度的養成，是這些小老闆的新功課。一切從基本功「稱謂」「問候」「收尾」的臺詞開始，當然舉止也很重要「不要站三七步」「遞東西給老師要用雙手」等，最重要

還是要說明這次賣咖啡的緣起，有同學寫好逐字稿，大家都努力背起來。他們的努力被看見了，很多老師因為聽了他們賣咖啡的動機而感動，為了鼓勵他們，訂單量果然爆增。

幾天後，小老闆們收到了老師的客訴：我很想繼續跟你們訂咖啡，但咖啡就是要一大早喝，上班才會有精神，結果你們每次送來都快中午了，我喝了連午覺都睡不著了。為此，小老闆緊急召開經營會議，進行危機處理。最後，他們決定以後早上七點半前就要到校煮咖啡，讓老師一進到辦公室就有咖啡可以喝。

我雖然樂見其成，但不覺得他們能說到做到，畢竟學校訂的最晚到校時間（早上七點四十分以前）他們都當耳邊風，國中三年他們能十點前到就是奇蹟了。沒想到，計畫第一天他們就辦到了。一問才知道，他們早上互相 morning call，舉凡睡過頭、遲到的人，就等著被幹譙。

一個老師的客訴，居然比學務處三年下來恩威並施的要求還有用。這些經常遲到又愛蹺課的孩子，竟然可以準時到

校，甚至早於學校規定的時間。雖然事情往好的地方發展令人欣慰，但為了讓他們早點到校煮咖啡，我也必須提早自己的上班時間來開門，有時候稍微晚一點，反而會被他們念。

事情不太可能一帆風順。即使他們很有心、準備很久，還是常常會碰到挫折，「森七七」地跑回來常常發生，這與他們情緒控管力較差有關，一遇到無法處理的事就衝動暴怒，也容易引起衝突。

為了要琢磨他們的脾氣，我常用一句話安慰他們「誰生氣，誰就輸了。」久了，大家也學會了，看見誰火氣快上來了，其他人就會去嗆他「生氣就輸了喔！」好強與不想輸的個性，能讓他們第一時間把脾氣壓下來。

與反目成仇的師長和好計畫

我以增加客群為由，要他們去找以前「起過衝突」或「覺得機車」的老師，看有沒有機會讓惡劣的師生關係，重修舊

好。可想而知，一開始小老闆當然百般不樂意啊，因為這樣一去，面子哪掛得住啊，他們抱怨「我才不要勒！」「誰要煮給他們喝啦！」「他們不會想喝我們煮的咖啡啦！」

「誰生氣，誰就輸囉！」雖然心不甘情不願，他們還是去了。就這樣一步又一步，利用賣咖啡的機會，把過去的關係破洞補起來。我想，不論是老師還是學生，誰都不想畢業前還帶著埋怨或遺憾。

陪伴這樣的孩子，反應要很快，因為不知道下一秒又會遇到什麼新的問題，時時刻刻都是考驗。這時候就要利用「三見」：見機行事、見縫插針、見風轉舵。

視實際狀況而隨機反應、把握機會讓他們有所學習、有問題就馬上引導解決。幸好，事情的發展得超乎想像，校內老師反應都超好，這給予他們莫大的鼓勵，還有老師在臉書上 po 上咖啡的照片，寫說「除非公出不在學校裡，不然每天早上吃完早餐，不只等上課，還在等這一杯咖啡。」

我把這樣的訊息告知孩子，起初，他們還不太願意相信，非要我把手機拿給他們看，他們才真的接受老師的回饋。或許是因為來自老師這個角色的認同和讚美，對他們來說是如此的難得與陌生。我很好奇，他們之前究竟是如何看待老師與校園生活的。

好一段時間他們因為自我約束、準時送咖啡給老師而得到許多鼓勵，是時候要再推一把了。我一直認為缺乏愛的孩子，給他們的愛，不會持久存在，與其「被動等待愛的來臨，不如積極創造愛」，當一個愛的發電機，這輩子就有源源不絕的愛了。

我讓學生一起寫卡片給學校裡曾買過咖啡的老師。又要擬稿，又要查字典，又要改錯字，當然寫了很久，完成後，每個小老闆都署名，接著一一送到各辦公室，親自交給每一位老師，並鞠躬說謝謝。

帶不上畢業證書，至少帶上祝福

我感受到他們內在的「愛」不斷地在滋長，相信這些愛成熟了之後，就會往自己的天空長去。其實，愛的發電機早就開始運轉。賣咖啡的盈餘（已扣除摔破的咖啡器具賠償費用），他們不打算拿去買菸，反而主動問我可不可以捐給學校，另外再用學校名義捐給三峽的「華山基金會」，這是以服務獨居老人為主的基金會。

這已經完全不在這堂課的授課目標裡了，但話說回來，這門課本來就沒有刻意明訂授課目標和進度，如此發展，超過我原本的預期，甚至可以說，他們已經不需要這堂課了，不用我的引導，他們就會不斷地想要做得更多更好。

可惜的是，即使如此努力扭轉形象，他們還是拿不到畢業證書。諾貝爾和平獎得主德蕾莎修女（Mather Teresa）每天都會利用羅馬教廷給的兩塊美金到加爾各達街上，將路邊瀕臨死亡的乞丐帶回家，利用著少少的薪水，幫他們洗澡、換上乾淨衣服，並為他們禱告。

或許很多人覺得這樣做很沒意義，因為他們就快要死了，但對乞丐本身來說，要是不幸死在街頭，他們可能會在死前詛咒這個世界，德蕾莎修女的做法會讓他們覺得自己受到重視，認為會有天使下凡來接他們上天堂，而能平靜的離世。不能改變過程的話，就創造最後的良善，為下一個階段做準備吧。

　　很多高關懷生的心境，就是處於這般喪志的狀態，即使他們仍然在這個世界上呼吸著。我自然沒有德蕾莎修女這般偉大，在他們不順遂的求學歷程中，我無法給他們一張畢業證書，但可以創造禮物給他們。我製作了榮譽狀，並向學校爭取公開表揚的機會，讓這些孩子站上司令臺，讓全校的老師、同學知道他們這段期間的努力和改變。

　　這是他們的第一次、最後一次、唯一一次站上學校舞臺。願他們不是帶著詛咒走出校門，而是帶著這一刻的美好和祝福，邁向人生的下一個階段。

為未來埋下一個善的伏筆

　　故事沒有隨著他們畢業而結束，沒想到有令人驚訝的後續發展。三、五年之後他們找上門，說要捐錢給母校、幫助學弟妹。他們都跟國中一樣，還在跑宮廟，不一樣的是，他們已成為宮廟委員會的幹部，並透過委員會內部決議，要將信徒的一部分善款拿來幫助學校。在他們找我不久之後，我在臉書上竟看到他們穿著宮廟背心，帶著泡麵、麵包等食物，還有棉被，到車站、地下道幫助街友和遊民。

　　他們心中種下的愛更成熟了，也已經是愛的發電機了。那些本來需要被愛的小鬼，已經用自己的愛在改變身邊的環境。我想，德蕾莎修女沒說的是，只要用一點點的愛，就能讓折翼的人重新長回翅膀，讓他們可以繼續飛翔，去找到更多的天使。

　　要是體制教育只是為了升學，我們犧牲的可能是充滿潛力的孩子。這些被傳統體制放棄的孩子，可能剛好適合這種「做中學」的模式，偏偏我們的體制主流就是要念高中、

上大學，學校教育擅於提供學生升學服務（這是絕大多數教師所熟悉的，因為教師的養成也是經由這樣的途徑），但學校更該照顧到每一種類型的孩子，因為學校是社會裡，最需要普遍化且符合公平正義的地方，來自各種家庭與環境的孩子都會進到校園，都該被「平等」照顧，這才是最基本的受教權益。

這樣的教育才更能與社會接軌，因為社會就是這麼多樣化。高關懷的孩子不只需要「平等」的對待，還要更多關懷、更多樣的教學方式和重視各樣特質的教育體制。學校是學習的地方，讀書只是學習的其中一種方式。給予不同的模式，即使不會讀書，他們能夠創造出來的成果與回饋，絕對超過我們想像。

6 接住他人，也讓自己被接住

一盆沒有人要的聖誕紅
一場出乎意料的道歉大會

大人的身教讓孩子完全複製行為，

漸漸地成為跟我們一樣的大人。

試著把道歉與認錯的「委屈感」拿掉，

換成因為「在乎」而願意「承擔」的心態。

道歉是改變的開始、勇氣的展現。

當孩子看到大人這樣，自然而然就會學起來。

起死回生的高關懷課程

想起我第一次在校內辦高關懷課程時，被全校老師罵到被迫停辦。這些學生經常在校園遊蕩、遲到、不肯上課，不然就是經過普通班教室時，故意對著裡面叫囂。總而言之，關於高關懷課，高關懷生不在意、校內老師不支持、學生家長不理睬，我就被夾在中間，像個傻子一樣。有時候就愈想愈火大。

我以為我只有兩個選擇。一是當個濫好人老師，發揮菩薩心腸，繼續幫高關懷學生承擔責任，向被冒犯的老師與班級求情「他們還小不懂事，請再給他們一次機會！」二是跟其他老師一起開罵高關懷學生，或乾脆直接聯絡家長「這都是家裡沒管好，最好沒事不要來學校啦！」反正應付教育局，課程有辦就好了。

最後，我選擇創造第三個選項。既然我辦的課程學生不愛上，那就讓他們自己選擇課程。既然他們暫時無法跟校內的師生相處，那就到校外去跟別人相處。我決定把責任回歸

學生，但不是把責任推到他們身上，而是帶著他們經歷「自己為自己作主」的過程。

「這幾十萬就花在你們身上，值得嗎？」我把高關懷學生拉到我的電腦前看概算表，讓他們了解可以上課是因為我有申請經費、安排課程、找老師，我要求他們考慮清楚，想上再談後續，不上就把錢退回去。我期待他們同時學會選擇與負責。當他們開始認真以對，我們一起討論要辦的課程，最後選了咖啡課、園藝課、氣球布置課、服務課等。

其實，課程還是由我著手規畫，只是讓他們有選擇權，選的時候我不免旁敲側擊，告知咖啡課、園藝課、氣球布置課可以做為一技之長，至於服務課則是可以光明正大逍遙校外。選完課之後，我說要去找師資，他們還真的三天兩頭來問我找到了沒。原本的意興闌珊的一群人，突然對新課程躍躍欲試起來。

一開始，我想的是把高關懷課當成「才藝班」，想要用課程內容來吸引學生，結果發現很難，因為他們不想上課

就是不想上課，尤其是這種被定義為「專屬」他們的課。後來，我試著讓課程成為一個改變的歷程，透過實際的作為展現「外在改變」，讓原本的問題行為減少，並製造好的關係的連結，進而創造多贏。除此之外，學生的學習成果很可能是他未來的謀生技術。

被拒之千里的聖誕紅盆栽

舉例來說，氣球課時的作品可以幫忙校內活動的布置、跟幼稚園小朋友分享等。當這些好的行為被看見，我又可以利用這些理由幫他們銷過（增加畢業的機會）。在校外服務學習則是多了跟校外人事物學習的機會，而且穿著制服服務的正向行為會取代抽菸和打架，當被社區人士認識之後，他們想做壞事時也會顧慮比較多。

像是和創世基金會合作的服務學習課，帶著他們去探訪獨居長輩，一開始幫忙分藥、送物資、量血壓等，後來為了能跟獨居老人聊天，他們還努力加強「臺語會話」。當問題

學生變成幼稚園小朋友的大哥哥大姐姐時，也成為能協助老師和改變校園秩序的小幫手。多了這樣的舞臺和成就，自我價值感跟著提升，問題行為也間接減少。這些課程的意外插曲中，最讓人印象深刻的是「聖誕紅事件」。

聖誕節前夕，園藝課老師很用心，教學生用聖誕紅做了提籃。放學前，園藝老師詢問我能否讓學生把作品帶回家跟家人分享。我當然是說好啊，本來預期學生應該也會很開心，那裡知道一公布消息，他們就開始叫「可以不要嗎？」「老師送你啦！」「誰會想要拿那個回家啦！」沒想到他們對自己做的作品拒之千里，一邊講，還一邊快閃離開教室。

「叫你們拿就拿，講這麼多做什麼！」我當場發飆，但他們消失的速度比我火氣上來的速度還快，只有一個走比較慢的學生被我留住，不斷逼問、再三保證我不會生氣之下，他才說「老師，我們在學校，好歹算是大尾，平常都在打架、做壞事，現在要我們提著一盆花走出去，實在很丟臉啦！」這理由實在好氣又好笑。

不過，對他們（每一個孩子都是）而言，面子顧周到是很重要的事。無怪乎聽說有人因為被我大聲而覺得不爽，我自己也有點懊悔當下的反應真的太衝動了（沒先問原因，就直接認定他們是故意唱反調）。

　　隔天，我特地集合他們。好幾位同學左顧右盼，像是在閃避我的眼神，可能還在生氣，現場氛圍緊繃到很不舒服。我先開口「看起來有人因為昨天的事情在不爽？」

認錯不是認輸、道歉不必低聲下氣

　　「你們老師都一樣啦，就只會誤會別人，直接亂嗆，誰會爽！」終於有人說出真心話了，雖然聲音有點大。接著又說「你自己以前都跟我們說『遇到不爽的事情，要先問清楚原因，不要隨便生氣』，結果是你自己說到沒做到！」

　　我承認自己的錯誤，還直接跟他們鞠躬道歉。面對我突如其來的道歉，他們反而愣住了，幾個人不知道該如何反

應。後來，我和他們說，我們以前也約定好「有話直說」，所以他們也應該向我道歉。

由於我道歉在先，他們態度軟化，二話不說，就模仿我的道歉模式，起立鞠躬，搞得當下彷彿是一場道歉大會。但一講開，氣氛就輕鬆多了。至於，那些無辜的聖誕紅，在討論之後，我們共同決定要送給在世界展望會服務時探訪過的獨居長輩。放寒假之前，大家把花送去給阿公阿嬤，他們都超高興的。

事後，有位女同學來找我，他說「老師，你是我遇過第一個會跟學生道歉的老師。」原來他國小時曾被老師誤會偷班上同學的錢，老師沒有聽他解釋，就先痛罵他一頓，還逼著他在全班面前道歉（他只能照做），雖然後來老師有發現是一場誤會，卻沒向他表示任何歉意，以致他到現在都覺得很委屈。

我才發現「道歉」和「認錯」都要學習的。從小到大，大人總是「要求」孩子做錯事要道歉，卻沒有好好「示範」

給他們看。當孩子做錯事卻不認錯,大人就直接貼上「這個孩子很糟糕」的標籤,然後施以嚴格的處罰,硬是要他們知錯能改。

經過這次的事件,我深刻體會到孩子不會(或不知道如何)道歉很正常,因為在他們身邊的大人,不管是父母或老師,電視或報紙,都有數不完的狡辯、推託、怪罪的錯誤示範,死不道歉、死不認錯是大人世界很常見的情境。當孩子看到大人看待「道歉」「認錯」的態度時,就會覺得這樣的作為是很難堪、委屈、生氣、失敗,而且覺得道歉等於是低聲下氣,認為認錯就是認輸。

硬要說,大人的身教讓他們完全複製我們的行為,漸漸地成為跟我們一樣的大人。與其要求孩子做錯時要道歉與認錯,大人更應該以身作則。試著把道歉與認錯的「委屈感」拿掉,換成因為「在乎」而願意「主動承擔」的心態,道歉其實是「改變」的開始、「勇氣」的展現。最重要的是,當孩子看到大人這樣做,自然而然就會學起來。

接住他人，讓自己也被接住

聖誕紅全部都送出去了。過了一個寒假，我們也幾乎忘了這件事。新學期開學，高關懷課又去探訪阿公阿嬤。才一下車，有位阿公好像期待很久了，馬上走過來、抓著孩子的手，帶著我們走到光線不太足的廳堂裡，指著桌壇上的正中央。我們看到年前送的聖誕紅。

阿公說，他每天早上起床第一件事就是澆花，接著就是把花拿去晒太陽，中午放回神桌後便向神明祈求保佑「這是國中囡仔送的，要保庇他們乖乖，不要做壞事。」阿公一邊說明、一邊雙手合十，把他每日跟神明講的話，在我們面前又講了一次。

看著阿公和孩子說這些，我轉過頭去，想要克制鼻酸的感覺，不小心瞥見幾個孩子似乎正在偷偷拭淚。他們一定沒想到，本來被推來推去、誰都不想要的聖誕紅，能被這麼用心的對待。阿公深切暖心的祝福，澆灌了聖誕紅，也滋養著孩子的生命。

高關懷學生和獨居長輩都跟課堂上的聖誕紅很像，被冷落在一旁、無人聞問。一開始聖誕紅不被接受，就像學生被體制、老師、家庭、校規推來推去，找不到容身之處，而獨居長輩沒有家人陪伴，在生活中經歷著孤單，有著被社會拋棄的感受。但他們在接住彼此的過程中，也讓自己被接住了。於是開始有了每天想完成的責任。

　　幸好當初我做了第三個選擇，幸好學生願意為自己負責、選擇重新回到課堂（雖然是體制外的課），幸好他們不想要盆栽，讓我們共同上了一堂道歉的課，讓阿公阿嬤有禮物拿。幸好阿公每天澆水、晒太陽、神明耐心聽阿公每天的祈求。幸好我們都不完美，才有機會完整彼此的生命。幸好有這麼多的幸好，一個沒剛好，就錯過了。

　　過程的可貴不是孩子學會了什麼技能，而是我們創造了生命的連結，我們不只是上課，還建構了「愛的生態系」，在其中沒有孤單，用愛滋養彼此，生命或許不完美，但都有存在的意義，完整別人的過程中，也完整了自己。我相信，

教育不只是一堂又一堂的知識傳遞，而是透過連結，讓孩子和大人在付出與祝福的當下，變得更加成熟。

　　畢業後的暑假，兩位高關懷學生回來學校找我，拿了幾個麵包給我吃。我才知道，他們持續有去探望「收養」聖誕紅的那位阿公。孩子笑嘻嘻地說「不小心買太多了啦，吃不完也是浪費，就想說剩下的順便拿給你。」好個順便，屁孩講話還是欠揍，但是阿公跟神明講的話，真的有在繼續保庇著他們。

7 梅花 3 跟老 K 都重要

一條龍的品牌策略
扭轉學生的問題行為

學生行為問題處理不完？

社區學區對學校學生觀感不佳？

找到根源才能翻轉校園風氣，

問題學生的真正問題在他「以為」

自己沒信心、沒舞臺、沒希望，

解決的祕訣在撲克牌的「一條龍」裡。

掙扎中的孩子，
需要搖旗吶喊的鼓勵。

學生出問題，是覺得自己不夠好

　　談到學校教育要成功，身為老師的我們都知道「把課教好還不夠。」事實上，很多時候，我根本回想不太起來，自己還是小學生、中學生時，從課堂裡到底「學」了些什麼，那些算式、公式、史地知識、成語解釋等，都漸漸地被遺忘了。可是很奇怪，有很多人，包括我，都確實感受到學校教育的影響很大。

　　在校園裡，課堂之外還有很多人事物關係著孩子的學習與成長。學校是個有組織運作、有系統的「有機體」，也可以說是生態系，所以在裡頭的人、事、物，甚至延伸到校外都會互相牽連。

　　想起在擔任學務處主任的前夕，我和組長為了幫助自己更快進入狀況，全面評估了學校當時的處境及問題，包括有學生常規不好、中輟數高、遲到或缺課多、態度不佳、經常在校外遊蕩、抽煙、打架等，總之，其他學校的國中生會發生的，我們的學校一樣也少不了。

納悶的是，學校多數老師都很認真，但為什麼面對這些問題還是很無力。當我們認真評估，想了許多策略，後來才發現問題背後的問題，更需要被探討與解決，否則只是不斷地在末端做緊急處理罷了。

就像一個經常被重複使用的制式表格，每次列印出來、發現有錯字，若只是用立可帶在紙本上塗改，等下次再印同一個表格時，一樣的錯誤還是在。唯有找到源頭、修改原始檔案，才能真正解決問題。

幾經思考與討論發現，許多學生的問題行為來自不夠自信，簡單的說，就是認為自己不夠好。長期以來，關於我們自己學校或學生的負面評價在社區、學區中散布，就算不是每一件都是事實（可能只是亂傳），但聽著聽著，難免未經求證就信以為真，搞不好連學生自己也認為學校不好、自己不好。

「沒信心的話，就一直稱讚啊，讓他有信心。」可能有人會這樣說。不過，信心本來就不是突然沒有的，怎麼可能

突然就回來。尤其大人慣性從結果來評價孩子，久而久之也內化成孩子對自己的評價。經年累月的批評和挫敗，孩子會覺得自己做什麼都不如人。沮喪會轉換成問題行為，或開始對生活失去興趣。

「那就是自己真的不夠好啊，想辦法把自己變好、變優秀，就會有信心。學習是學生自己的責任，不是老師的責任。」這樣的聲音當然也有。我認同「學習是學生的責任」的說法，但孩子又不是生出來就沒信心的，在長大過程中失去的信心，需要大人幫忙「復健」，藉由一些外力或外部情境補回來。

每個都重要，一個都不能少

我大學讀的是工業設計，在設計思考的養成中，我始終堅信「問題，是用來解決的，不是用來抱怨的。」面對困境，毫無做為是很大的消耗。不妨試著思考沒有信心的孩子的三個內在成因：

感覺不配：愛不夠，就給愛

由於家庭背景的因素而無法給予足夠的照顧時，孩子很容易因為從小缺乏關愛，經常覺得自己不夠好。愛不夠，就給愛。這個部分透過打造學校品牌，讓孩子從愛學校到愛自己，提升他的自我價值感。

感覺無望：沒有希望，就找希望

有些孩子缺乏成功經驗，做事情容易退縮，不相信「自己可以實現目標」。沒有希望，就找到希望。現在如何不是最重要，而是要讓他相信未來會更好。帶領學生創造高峰經驗，提高自我效能感。

感到無助：缺乏能力，就給他舞臺

學校裡有蠻多孩子因為資源少、刺激少，學習路上缺乏方法、能力。給孩子舞臺，培養他們的成長型思維。讓他們相信一個方法行不通，還有千千萬萬個方法等著他去學習，只要肯嘗試，就有機會展現能力。

面對頻頻出狀況的學生，我與學務處團隊的策略是「一條龍」。這個策略靈感來自撲克牌遊戲大老二。玩過大老二的人都知道，最小咖的是「梅花 3」，最大咖的牌呢，不一定是「黑桃 2」，而是終極牌組「一條龍」。當 4 個人在玩大老二，每個人都可以拿到十三張牌，要是拿到的牌組包括每個數字、A、J、Q、K，就是一條龍。雖然數字、花色都不一樣，但都一樣重要，一個都不能少。

▶ 校園品牌化，學生學校一起變好

　　沒有自信、覺得自己不夠好的學生，就像梅花 3，總覺得自己是魯蛇。大人要做的是讓他知道：他正在一條龍裡，一條龍若少了他，就什麼都不是了。當梅花 3 穿戴上一條龍這個名牌，他會開始引以為傲，他會開始覺得自己和老 K 一樣重要。只是說來簡單，執行起來超難。難道要直接跟一個每天翹課、抽煙、打架的學生說「你跟全校第一名的同學一樣重要嗎？」

　　我想連同事都會覺得我有問題吧，畢竟孩子會有這些問題，常常是符合普世價值下的產物。要讓梅花 3 相信他和老 K 一樣重要只有一個方法，就是老師要先相信，相信之後，不斷地告訴孩子，直到他們也相信為止。與其針對學生問題、要他們改進、造成師生關係對立，不如幫他們找到「自信」來源，把焦點從「改過」變成「向善」。

　　針對「無助」的孩子，我們要幫忙蓋舞臺，引進外部資源、師資，例如帶著孩子做服務學習、淨灘、服務長輩，甚

至自願承辦全市活動，像是音樂比賽、友善校園開幕等，讓自己的學生有機會站上舞臺、被看到。

針對「無望」的孩子，我們帶他爬百岳、跑馬拉松、浮潛、跳水、攀岩、挑戰園遊會的徹底淨塑，並且將成果與全校共享，創造高峰經驗。這樣不夠，還要將這些結果連結回「學校品牌」，才有辦法讓學校這條龍甦醒。

漸漸地他們會相信學校很好，而且學校是因為他們才好，最後就會願意相信「自己是好的」，而且值得被愛。校園在這個三角架構運作下，時間一久，每個人都有著一樣的信念。

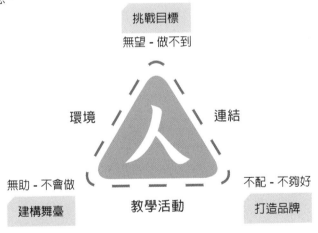

挑戰目標
無望 - 做不到

環境　　　　人　　　　連結

無助 - 不會做　　　　　　不配 - 不夠好

建構舞臺　　　　教學活動　　　　打造品牌

有次，趁著周末活動組長規畫帶學生去三峽老街三合街打掃、做服務學習，我還特別把中輟生都叫來，一起幫忙推車、沿路裝垃圾，表面上是叫他們一起做苦工，實際上是避免他們周末沒事找事做，跑去打架鬧事，比起做服務的功德，這個功德應該更大。

　　這些高關懷孩子一邊將臭氣熏天的垃圾做整理分類，一邊問我「主任，我們學校明明這麼好，怎麼外面都說我們學校很爛！」我壓抑著內心的 OS（拜託，還不就是你們老是在外面抽煙、打架建立的形象），只能面露微笑告訴他們「對啊，所以我們要用行動來證明，讓大家知道我們學校的好，靠你們了喔。」

　　鎖定的焦點不同，創造出來的結果就會不同，當學校這個有機體運作起來之後，裡面的每一個人都有所成長、有所受益，不只學生，老師也是。就像赫胥黎（Hirschi）提出的社會鍵理論（及社會控制理論）說的，當影響個人順從社會的四個社會鍵（social bonding），包括依附（attachment）、

參與（involvement）、抱負（commitment）、信念（belief）都有了，也代表青少年與學校的關係愈加緊密，違規行為或犯罪問題就會愈來愈少。因為問題一件一件變少，可以不用一直做處理危機了。

還記得我們和華山基金會合作，帶著學生去三峽老街募發票，高關懷學生也被我找來幫忙。除了服務學習，我們還結合掃街、宣傳二十周年校慶，在三峽祖師廟前快閃帶動唱，除了祈福也表達感恩。期待課程更豐富更有深度，讓孩子和社區、學校的連結加深。

最終活動圓滿完結，但回到學校後，校旗卻不見了，當時，還下著滂沱大雨。我在心裡盤算著，要趕緊印一面新校旗，殊不知高關懷孩子竟在晚上十點時，冒著雨、自發性沿路去找校旗，校旗真的被他們找回來了。校旗失而復得是好消息，孩子能主動去找更是一劑強心針，強化我經營校園品牌的決心。

強化學校品牌的 6 策略
讓校園文化開始發酵

　　從前面幾篇文章，就不難發現學生普遍對自己沒有信心，尤其是有問題行為的學生。我們嘗試結合設計，重新企畫與帶領校園活動，加強引導建構校園文化與影響力等，調整出一套適合學校的方式。

　　不妨試著分成以下六個步驟去執行。接下來，我會以現階段每個國中生都要做的「服務學習」為例，來說明如何透過這幾個流程，重新設計服務學習的活動架構，創造不一樣的價值，達到品牌化策略，並增加學生信心。

教學活動化

當然「有做就好」是最簡單的方式，直接把學生交給服務單位，進行服務學習不就很方便。其實，要讓活動變得有趣、有意義也不用太麻煩，只要在投入行動前事先做些規畫，將原本就有的課程，融入活動元素，提高學生參與的意願（不然他們每次都心不甘情不願）。

為了強化活動的意義感，就讓學生知道他們正代表學校、挑戰一件以前沒做過的事，目的是要透過好的表現、扭轉外人對國中生的印象。告訴學生「他們在幹麻？」像是協助基金會做公益、募集發票或現金助植物人等。至於增加趣味性則可以利用分組競賽、結合校慶宣傳等活動元素來訓練。有趣、有意義的服務課程，讓原本只在意服務時數的孩子，玩到忘記撿垃圾的枯燥乏味。

品牌化

品牌化可以從參與者的視覺（背心、旗子、貼有標語的校車）、聽覺（校歌、口號、活動主題曲）、感覺（認同學校的榮譽感）下手。當穿著一樣的衣服、出沒在三峽老街進行服務或宣傳校慶時，喊著一樣的口號，形象簡單、明確、統一，營造出整體感、一致性。

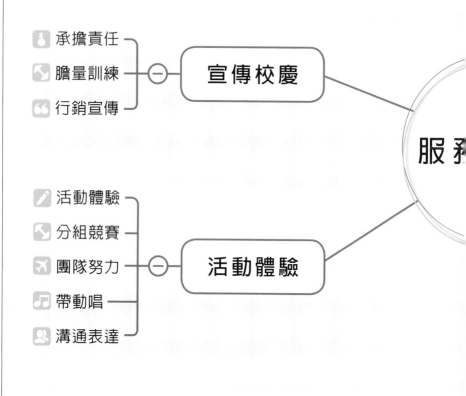

承擔責任
膽量訓練
行銷宣傳
宣傳校慶

活動體驗
分組競賽
團隊努力
帶動唱
溝通表達
活動體驗

服

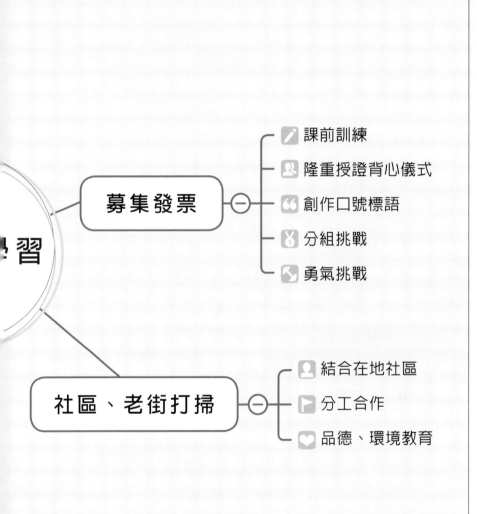

習

募集發票 ─┤
- 課前訓練
- 隆重授證背心儀式
- 創作口號標語
- 分組挑戰
- 勇氣挑戰

社區、老街打掃 ─┤
- 結合在地社區
- 分工合作
- 品德、環境教育

發酵

　　這個階段是所有流程最重要的部分。成功了，才可以達到承先啟後，創造接下來的效果，要是沒做好就像船過水無痕，前面的努力都是誤會一場。這時，老師得身兼四種角色：偵探、主持人、媒婆、記者。

用視覺來強化品牌化策略

偵探。認真觀察、紀錄學生跟路人互動的狀況，包括表情、頻率，每一個看得到的小細節，看到某個學生的好行為或路人給的稱讚，即使是小小的事，也是要正向放大，再用後面主持人的角色表達出來。

　　主持人。掌握當下的情緒，炒作氣氛，進而利用話語與去引導或鼓勵，幫助學生們轉換心情，更重要的是讓他們知道自己的努力有被看見，可以說「我發現你剛剛被拒絕後，還是不斷地找路人，很棒。」「你們有沒有看到那組多拚，你們這組不要輸給他們喔。」「你的夥伴好像有點狀況，趕快過去幫忙一下。」

媒婆。古時候的媒婆責任重大，負責牽起姻緣。身兼媒婆角色的老師，就是要讓原本沒有關係的雙方產生連結機會，像是看到學生害羞怯場，必要時刻可以引導陌生路人鼓勵學生，當然也要製造學生主動接觸路人的信心「剛剛我看到你們表現不錯，照著這樣的方式去那個地方試看看。」「如果真的不好意思，不然就兩個人一組，去找商家問看看。」

記者。由老師或學生在組別中拍下彼此的表現、表情和互動，放到網路平臺與大家分享，做為成果的展現。活動時，不如每組指派一個人全程拿手機拍攝，用學生的眼睛紀錄，會有不一樣的視角。

連結

在此之前的三大點都是在打造一條龍的品牌，緊接著要透過感謝跟稱讚，讓學生與學校品牌產生連結。感謝背後有著許多人的付出、期待、支持，才能有成功的活動。

當學生和老師、學校產生連結，就能強化學生對自己的信心，凝聚團體士氣，知道自己是對學校有貢獻。把來自外部和師長的稱讚轉達給學生，讚美他們的好表現，讓他們對自己的表現與有榮焉「不枉費我們這些老師犧牲假日帶你們來了。」

「謝謝你們今天為學校的付出，明天升旗的時候，我也要讓學校其他人知道你們的好。」

省思

做完連結還不夠，就像鋪完柏油之後，還得重力壓一壓，才不會一下雨就有坑洞。學生被稱讚，只是第一步，引導他們回顧自己的具體表現，才能把肯定轉化到學生個人身上、牢記在心中。這裡可以用團體分享討論、班級討論或填寫學習單，進行回顧和回饋。

延續

不能只有好一天，而是要天天好，這是時間的延續。不能只有在服務時好，應該在每個地方都展現好的一面，擴及到校內其他年級其他學生，這是空間的延續。

走到這一步，整個「一條龍的品牌策略」才算是告一段落。但不是就此結束，而是要就此延續下去。不斷提醒學生過往的好表現「身為八九年級的學長姐，不能輸給學弟妹喔。」「不僅要在校外表現好，在學校更要把好的一面表現給其他老師看。」這樣一來，就可以讓好行為和自信不斷地延續。

另外，我會請其他老師針對這件事，多鼓勵學生，只要上課前多講一句「聽主任說你們服務那天表現的很棒。」就會發揮更大的效力。這樣還會有一個邊際效益，就是讓這些老師感受到學生與學校都正在努力和改變，久而久之，整個學校的氣勢與氛圍都會不一樣。

　　若是可以把這些活動過程寫成新聞稿，就能用「報紙都有報導喔」再次強調，順便能讓家長了解學校的作為和用心。用這樣的方式推廣活動之後，我發現學生的活力提升、問題行為減少，師生之間的溝通也順利許多，最重要的是，這些孩子的笑容變多了。

掃描看更多！
讓學生開口唱校歌
是強化品牌力的過程

Chapter 2

孩子只要被引燃，
行動力就會驚人爆發。

1 打造好好玩的校園

活動企畫像驅魔儀式
讓厭世的學生恢復元氣

運用活動企畫的技巧，

就可以讓一成不變的例行公事，

成為充滿驚喜的教育活動。

不但師生之間的關係加溫，

也能塑造健康的習慣和身分認同，

大家笑容變多、不再愁眉不展。

讓一天的開始不再厭世

　　小時候我就特別喜歡參加營隊活動，到了大學時代更是救國團的一員，嘗試上臺帶活動，後來和一群志同道合的朋友一起在中華康輔教育推廣協會擔任理事和講師，並利用閒暇之餘推廣康輔，常到不同機構分享帶活動的技巧，這些經驗對我幫助很大。

　　我發現，透過活動帶領、活動企畫的方式，來改變團隊的氛圍、團員的距離，更能達到我們想要的目的或目標，重點是過程中氣氛輕鬆、充滿歡笑，這樣的校園文化，一直是我期待與嚮往的。如果校園裡，能有自然地學習和互動，一定非常棒。

　　還記得，在學校常要輪班值周，負責交通導護、校園巡視及評分。每次輪到我值周都覺得很痛苦，因為不管豔陽高照，還是刮風下雨，早上七點鐘一定要準時出現在路口，然後每個經過的學生，臉都臭的跟什麼一樣。上學不是應該要開開心心的出門、平平安安的回家。怎麼大家都是如此這般

的厭世，包括站在路口的我。不行這樣，我一定要來找個樂子，做一些改變才可以。

有次，又輪到我值周，我嘗試在學生經過時，刻意拉開嗓門、主動問好。前一兩天，有的同學會嚇一大跳，然後用一副看怪叔叔的眼神看著我，愣了一下才小聲地回應。有的同學因為我不尋常地舉動而偷笑，認識的同學就不用說了，會直接跟我聊天、笑鬧。看著他們活潑起來，就有種莫名的有成就感。

幾天之後，我的行為似乎讓學生們起了化學變化。同學在靠近我時，會刻意放慢腳步，以防被我突如其來的問候給嚇到，或抬起頭、主動看著我笑，似乎是在等著我跟他們問好。除此之外，搶在我之前主動跟我說「早」的學生變多了。這些本來魂不附體的小鬼，經過「驅魔」儀式後，蒼白的臉上終於恢復了元氣。

緊接著，我動腦筋想了「早晨打氣」的第二個計畫，帶著手機、藍牙喇叭，在路口轉彎處播放流行歌。他們大老遠

就聽到了，露出驚訝、懷疑的表情，然後四處張望，搜尋音樂是從哪裡傳出來的。

我還會特別詢問從我面前經過的學生「同學，這音樂喜歡嗎？」沒想到有人竟一副嫌棄的樣子，有人還說「老師喔，你這個歌太老了啦，都沒有新歌喔。」我突發奇想「不然你來點歌，我來播放。」學生聽了半信半疑，我說到做到，直接把手機遞給他，真的讓他自己選。

後來，連我自己也覺得站導護這件事，好像比較不痛苦了，雖然一樣要早起。每次輪到我，身邊就會圍著一些學生，搶著點歌、聽歌，甚至明明快要遲到，還要駐足哼幾句才願意往學校的方向走去。就連走在校園裡也有學生湊過來問我下次站導護的時間。

本來無聊的上學路，稍微加點音樂，就可以帶來一整天的好心情。歌曲 PLAY 鍵一按，讓我跟學生 PLAY 一整天、快樂一整天。

不放棄任何影響孩子的機會

覺察生活上的細節並稍微改變，就可以有不一樣的回饋。我用主動對話和音樂，來喚醒孩子的笑容，也讓我的心情開朗起來。我始終覺得，來到學校，不是只有乖乖坐在教室裡才叫學習，其實，從他踏出家門的那一刻起，都是學習的過程。比如朝會、下課休息、講座、校園活動等，都是學校教育的一部分。

行政工作（尤其是學務處）在此扮演了相當重要的角色，因此在擔任學務處的行政工作後，我想透過活動元素和活動企畫技巧的搭配，並配合學務團隊融入教育的價值觀，讓整個校園更有活力。以下幾個學期內必經的活動，不妨試試看「調整」一下：

開學典禮

為了迎接新的開始、對新學期抱持期待，我們會邀請全校老師都穿上紅色的衣服，顯示老師的整體感，也傳達老師的熱情和活力。在過完農曆年的開學典禮，商討校長贈送學

生三個大紅包，裡頭裝的是校長用毛筆親寫的祝福和勉勵。

甚至帶領全校一起在廣場靜坐、沉澱心靈。或邀請全體帶班導師上臺，由學生代表念出請師文稿，感謝老師的教導。以這樣的儀式做為開啟新學期的儀式，老師很感動，學生更能收心。

結業式

寒假前的結業式，則會以影片回顧一整個學期，並進行歲末感恩。全班同學起立向導師、家長志工鞠躬敬禮。有些家長志工在學校服務二十多年了，頭髮由黑轉白，甚至行動不便仍守護著學校。除此之外，學生還要向學校、教室敬禮，把建築物當成是有生命的對象。

要是結業式在過年前，就會集合全校學生一起拜年，並把錄下的影片傳到學校粉絲團。有次，我還故意帶同學說「老師，對不起，我們先放假囉。你們開校務會議要專心，不要太想我們，新年快樂！」這可讓下午還要留下來開校務會議老師們又好氣又好笑。原本只是代表寒假開始的結業式，也能充滿感恩與溫暖。

新生訓練

　　新生訓練是讓學生對學校產生認同感的重要活動，講白一點，就是校園「圈粉」計畫。隊輔的安排很重要，通常會找畢業的學長姐回來服務，除了舉辦拜師儀式和闖關活動，也會安排唱校歌。學弟妹看到學長姐如此認真，就會以他們為模範，豎立高標準。

　　同時，透過全體宣示，在儀式化的過程中，增加凝聚力。活動最後，擔任隊輔的學長姐會列隊大喊「學弟妹加油，我們最愛的學校交給你們了。」學弟妹也會向學長姐鞠躬「謝謝學長姐帶領，我們會努力，不會讓你們失望。」

　　我與團隊的信念是「不放棄任何一個可以影響孩子的機會」。重新審視每個校園活動，試圖改變在校園裡出現的每一個人，甚至連下課時間、跑馬燈上的文字我也不放過。學校裡，有太多地方可以重新思考活動的本質、目的、內容和形式，以傳達我們的價值和期待。即使是萬年無趣的例行活動，也會因為一點巧思，變得更有趣。小小的改變，會有大大的不同。這是真的，不只學生，連老師的笑容都變多了。

就像進到捷運站就不會喝水、等公車會自然而然排隊、開車看到行人會禮讓等，因為這些都是習慣，當然也是文化、氛圍，在那樣的情境下，會使用適合的行為來反應。希望透過一點點的改變，達到教育的訴求，塑造獨一無二的校園文化，並潛移默化地影響學生的行為表現，連結在這空間裡的每一個人。

2 改變，先相信才會實現

讓師生從排斥到堅持的
全面淨塑園遊會

「怎 麼 做 ， 可 以 讓 我 們 不 一 樣 ？」
新 團 隊 走 馬 上 任 ， 挑 戰 淨 塑 園 遊 會 ，
最 淺 的 經 歷 、 最 少 的 資 源 ，
從 第 一 次 導 師 會 議 被 叮 到 滿 頭 包 ，
到 全 校 師 生 說 「 Y E S , I D O .」
甚 至 瘋 狂 總 動 員 ， 一 起 成 就 環 保 校 園 。

Chapter 2　孩子只要被引燃，
行動力就會驚人爆發。

菜鳥團隊的第一個挑戰

想起那年八月，我擔任學務處主任，號召的新夥伴正式上任。直到九月時，我們才收到通知，得知要負責辦理十一月的校慶，而且適逢二十周年，活動要擴大舉行，偏偏校慶還是在全市音樂比賽（由我們學校承辦）結束的隔天舉辦，滿檔的行程叫人心慌慌。更讓人崩潰的是，校慶的經費只有六萬。有同事「聽說」附近學校辦七十周年校慶經費有三十萬呢（怎麼差這麼多！）

當然，我們也可以把過去存檔的活動辦法拿出來「參考」，把年分、名稱改一改後，比照辦理。畢竟這是最安全、最不會出錯的方式。

慶幸的是，我確定身邊的夥伴都是一群「瘋子」，不僅無視這些限制，反而想要更多。時任活動組長志慧打算號召校友回校參加，計畫舉辦千人唱校歌活動，還設計雙舞臺表演，廣邀社區民眾共同參與。最重要的是，我們要挑戰園遊會「全面淨塑、禁用一次性餐具」。

我們想透過這次校慶，凝聚全校士氣，創造高峰經驗，如果只是照著過去的計畫來做，那誰來做都可以，不需要我們。「學校需要我們來做些什麼？」這才是我們跳出來當行政的初衷。

當資源少、經驗少、時間少，保守行事是最合情合理的，但是當我們回到初衷，擁有著想要改變的念頭，必須當個瘋子才算合情合理。只要有一個願意改變的瘋子，不只旁邊的人容易被同化，也會想盡辦法把其他正常人「搞瘋」，這樣改變才有可能發生。

在導師會議上、說要辦環保園遊會時，臺下老師不以為意，以為冠名「環保」是為了好申請經費，面對這種口號式的規畫，早就習以為常，不覺得會有什麼問題。直到我們很認真的說，這次不是要減塑，而是要全面淨塑、禁用一次性餐具時，他們的眉頭皺了起來，在列舉哪些屬於一次性餐具後，終於有人受不了了。

改變策略讓困難迎刃而解

　　「主任，改變很好啦，但要循序漸進吧。」一個老師講完，其他導師點頭如搗蒜。「你們當行政就出一張嘴，辛苦都是我們導師在辛苦。」「這樣搞沒有人會想來買啦！」就這樣，臺下的導師你一言我一語，提出了許多執行上的困難，完全沒有人表示贊同，甚至有導師撂下狠話，說乾脆叫自己班級不要申請攤位。

　　也有人乾脆直接就問「違反規定的話要罰多少錢？」彷彿是在為自己預設立場，覺得自己就是做不到，想要花錢消災。明明會議前播放海龜和環保的影片，每個老師都為之動容，怎麼一轉眼就變得如此消極。原來，要引起「認同」從來就不是問題，世界上最遙遠的距離是從「認同」到「行動」這一段。

　　會議結束後，兩位組長擔心我堅持不下去。我跟他們保證會堅持到底，我能做的就是力挺主要執行的組長，還有我們所相信的價值。

通常學校園遊會就是每個班級各賣各的東西，想辦法賺多一點錢來當班費，或拿個精神總錦標。過程中，學生可以學到企畫執行、行銷、表達等能力，但對於學校的向心力，似乎沒有多大的幫助。我們企圖讓大家把學校視為一個大團隊，目的在於凝聚一千多位師生的共識，藉此建立高峰經驗，這是品牌化（認同學校，以身為一分子為榮）必經過程，也是經營校園文化的方式之一。

面對這樣的會議結果，我發現兩件事。一是不習慣改變的人，在面對未知時習慣先抗拒。二是保守的校園風氣，很容易就會被主動表達意見的老師帶風向。但問題是需要解決的，我們選擇改變策略，分頭進行。

兩位組長先從沒有發聲的老師去下手，各個擊破，了解他們抗拒的原因，並尋求其他可能性。我則利用升旗時間，直接公開鼓勵全校師生在校慶時挑戰全面性淨塑，帶動社區的環保意識。慢慢地，本來被視為「太誇張」的計畫，似乎愈來愈合理了。

共享成果讓大家拉近距離

計畫雖然合理，但要做到全面淨塑、禁用一次性餐具真的很不容易，因為除了塑膠袋、塑膠杯、紙杯、紙盤外，竹籤、防油紙袋都不能用。每個班級都可以事先把要賣什麼、會用什麼餐具的申請書送到活動組來審核。我們沒有把責任全部丟給導師，而是和大家一起絞盡腦汁討論，這個過程產生更多的創意和可能性。

比如說，我們找外面的餐廳商借餐具，在校園裡設立美食街，提供公用餐具給客人使用，用完後就回收清洗。有的班級乾脆拿葉子當食器。活動前就有老師想到，大家都在洗手臺清洗餐具，洗手臺會很髒，於是衛生組就安排清洗區，並讓學生排班、駐點打掃。

果然，用正向態度才能解決問題，大家還有一種共同努力的感覺。不然，層出不窮的問題很快就會消耗我們的心力，甚至是殘害彼此間的關係或情感，而且事情通常會「如你所願」很難，超難，愈來愈難。

創意來自於限制。限制多，創意才有機會發揮。若是以過去的園遊會模式，根本看不到這麼多有趣的點子。要嘛不做，要嘛就做徹底。我理解，想要分批或逐步進行多半是害怕抗拒的聲音，不然就執行的難易度來說，部分禁止反而容易產生爭議，徹底執行相對單純。當不再被大問題困住，聚焦於每個人的困擾，一個一個地處理，全員就動起來了。

　　社會學家馬克思提出的社會運動運作模式，運用在校園活動也很合適。假設有 100 個處於行動邊緣的群眾，依其社經背景和特性不同，每個人要加入行動時有所謂的「門檻值」，分別是從 0 到 100。

　　門檻值 0 的人，在遭遇到不合理的事情時，不需要他人影響，就會直接打破現狀，雖千萬人吾往矣。門檻值為 1 的人，看見有 1 個人投入會跟著投入，門檻值為 2 的人看到 2 個人行動了，也會下定決心跳出來。以此類推。當人們一個接一個投入了，改變才會發生。我們要做的就是幫助卡住的人，下定決心投入。

至於，園遊會辦的算不算成功呢。會後我們鼓起勇氣發出 google 線上問卷，收到滿滿的感動與回饋。坦白講，我著重團隊挑戰勝於環保的使命，多虧夥伴的堅持，全校師生才能共創好的結果。園遊會不只是園遊會了，有兼具環保的教育意義，有師生共同堅持、共同承擔責任的價值。共享成果的大家，又再靠近了一點。

我們是孩子未來的樣子

　　顯而易見的成果，是當天將近兩千人參加活動，最後的垃圾量竟然只有一個大的新北市專用垃圾袋就裝完了。我人生第一次看著垃圾而覺得澎湃，這是校慶最大的禮物了。不過，由於淨塑執行力超強，我們居然被投訴了。

　　園遊會結束之後，接到教育局的來電，說有家長寫了陳請書、投訴學校不近人情，要我回覆家長。認真回想起來，應該是活動當天帶免洗杯來參加的那位家長，由於我們園遊會完全淨塑、紙杯不能帶進校園，警衛大哥就請家長把紙杯

先寄放在警衛室，沒想到對方掉頭就走。人沒進來，陳情書倒是來了。

我不免有點情緒、有點不平衡，對團隊更是一大打擊，尤其是「對此種不知變通、缺乏創新及機械人式的教育表示擔心」的投訴文字。明明執行教育局想要的環保政策，卻因為「太符合」規定而被投訴，我們不是應該被表揚嗎。

陳情書還是必須回覆。對於宣傳不足、未能讓陳情人先了解，我真誠致歉，但亦載明校慶園遊會是具有教育的目標和訴求的活動，希望陳情人了解等，甚至提到法國預計於二〇二〇年全面禁用免洗餐具，這將是世界未來的趨勢。我希望在道歉的同時表明立場，雖然不確定校長能不能接受。

果然，當我把寫好的陳情書回覆拿給校長時，他的眉頭一皺，空氣瞬間凝結，我趕緊跟校長說明回覆的用意。校長聽完，拿起章毫不遲疑地蓋了下去「好，園遊會真的辦的很好，你們辛苦了！」在教育的路上，最慶幸就是遇到站在同一陣線的好長官，這是很幸福的一件事。

「你若要喜愛你自己的價值，　你就得給世界創造價值。」我很喜歡歌德說的這句話。我知道，收到陳情對校內士氣是很大的打擊，但我仍想用我不照牌理出牌的回覆鼓勵大家。

　　某次升旗典禮，我把陳情書和回覆公開念給全校師生聽，一方面是肯定全校共同淨塑的成果，讓大家確信自己做了一件對的事。另一方面是因為大人怎麼做，孩子都看在眼裡，一旦他們未來碰到現實與理想相牴觸時，堅持會成為他們的選項之一，因為他們的國中老師是這樣教他們的。

掃描看更多！
陳情書回覆

3 被賦予責任才會主動承擔

畢旅不是玩玩而已
還要建立使命感

學校把保衛地球的使命感傳遞下去,

畢旅和拯救地球任務畫上等號。

學生自覺是被召喚的勇者,

這是邁向成功的第一步。

相信我,孩子只要被賦予責任,

就會主動承擔,甚至一夕長大。

Chapter 2　孩子只要被引燃,
行動力就會驚人爆發。

📌 除了玩，畢旅還能幹嘛

「為什麼畢業旅行會被安排在國三的行事曆？」

「老師帶去，跟家長帶去旅行有什麼不一樣？」

「畢業旅行的意義是什麼？希望孩子有什麼不一樣？」

在處室會議上，我們透過這些問題，重新思考並「微調」畢業旅行這件事，希望能創造一個不一樣且更有意義的畢旅，而不是只是玩一玩。只是行程等幾乎都外包給廠商了，老師除了「伴遊」還能做些什麼。

在行程幾乎不可動彈的情形下，兩位組長提議在旅程中新增「環保」和「助人」的議題，最重要的是，這個計畫並沒有讓導師勞心勞力，他們只要帶著欣賞的角度，跟著孩子一起玩，看著孩子的表現就好。

出乎意料的是，這個別具教育意義又與生活結合的畢業旅行還被媒體報導，刊登在報紙上，這讓沒有參加的家長，感受到學校對這趟旅行的用心。

就教育部的定義而言，畢業旅行其實屬於「戶外教育」的一種，所以行程安排除了有大型遊樂園外，多半會加入寓教於樂的景點，像是博物館等。除了知識性的參觀，結合其他教育目標，讓學生融入生活也很重要。在三天兩夜的畢業旅行過程中，我們要的是讓孩子知行合一。

　　為了達成共識，我們多次和導師開會。與孩子形影不離的領隊，更是關鍵角色，得靠他們不斷引起學生的動機，才能有好的成果，也花不少時間跟旅行社溝通，畢旅終究不是上課，如果不好玩，就什麼招都玩不出花樣了。

　　在全校的行前會議中，在我們講完行政注意事項後，在學生開始討論要帶什麼零食（腦波變弱）前，組長先透過影片讓大家看到被破壞的海洋、被吸管殘害的海龜等，激發他們對環境保育的使命感，並引導學生思考：三天兩夜的畢業旅行、將近四○○人會製造出多少垃圾。

　　組長把會前的估計跟大家報告：衛生筷、衛生碗各有二八○○個、礦泉水瓶至少一二○○個。接著，我們告訴他

們，這次的旅行要為環境保護盡點力，我們要當先鋒隊，為學弟學妹立下模範，在畢旅時發起「一筷去旅行」運動，呼籲自行攜帶環保餐具和環保杯，救救海洋，救救海龜，別讓生態不開心。

從別人的需要看到責任

行前會結束之後，是給學生進行小組討論的時間，沒想到，小屁孩真的認真討論起要「如何減少垃圾量」了。太棒了，這是成功的第一步，畢業旅行和拯救地球的任務即將被畫上等號。

使命感的傳遞，能讓學生覺得自己是被召喚的勇者，身上流的可是戰士的血，自然一改過去小屁孩的個性與態度。相信我，孩子只要被賦予責任，就會願意主動承擔，甚至一夕之間就會長大。德蕾莎修女說「愛，就是從別人的需要上，看到自己的責任。」使命感的背後是愛，要能夠被愛與付出愛。

為了創造不一樣的學習經驗，我們將畢業旅行結合臉書社團，只要有達成「環保」和「助人」的相關行為，就會上傳到各班臉書，老師也會即時和學生互動或下達臨時任務。彷彿進入現實版的線上遊戲，必須發揮團隊精神，不斷地破關、得獎勵，師生都覺得新鮮感十足。。

　　班級間的競賽模式，讓大家快速投入與凝聚。我們在臉書社團不斷公布各班上傳的相片和影片數量，並在用餐時間做計分與總結，有效率、有創意的，不只口頭獎勵，還會加碼請他們喝飲料。

　　表現比較不好的班級，也要給予鼓勵。我們刻意避免班際間的惡性競爭，所以並非一直強調班際的勝負輸贏，而是不斷地提醒每一個班級、每一位學生都是「在一起創造歷史、共同為校爭光」，並把各班所創造的成果，彙整為全校的成就。我期待進行的是共同作戰，而非互相競爭。由於過去不斷建立並營造學校這個品牌的重要性，所以到了九年級操作起來就變得容易許多。

學科學習成果靠的是考試分數，畢旅的學習成就則是靠身體力行，所以每一個孩子都很有感，因為只要願意都做得到。這是必須透過團隊合作、執行力、創意等，才能通過的考驗。

　　到義大遊樂世界買飲料時，學生都拿出環保杯來，將近四百個穿著制服的國中生，人手拿著一個環保杯，大喊「〇中有你，成功有你！」時，氣勢不輸選舉造勢。無論飲料店還餐廳都匪夷所思，還以為我們學校是軍事化管理。直到他們得知一切都是學生自動自發都大力讚賞，房務人員也給予最直接的回饋，說「如果全臺灣的國中生都這樣就好了。」

▶ 讓孩子朝著對的方向前進

　　任何讚賞當然不是老師自己聽自己爽，我們把稱讚通通收集起來，每一條都回饋給學生。國中生最可愛的地方，就是有鼓勵就會有行動，愈多鼓勵就更加用力，朝著被鼓勵的方向前進。

活動能順利進行，達到預期的目的，需要好的活動帶領元素。口號，是很好的活動帶領元素。我們學校原本就有「○中有品，成功有你」的標語，每次到了集合時間，只要我或主持的領隊喊「○中有品」，學生就會很有默契、異口同聲接著喊「成功有你」，要是在公共場合，很難不吸引旁人與路人的注意，我都會藉機再一次提醒「大家都在看著我們喔，要好好表現。」

青少年很愛面子，這是在乎榮譽的表現，因此他們會更加自律，更加在意自己的言行舉止。有時候，我就會故意大聲喊「我們是？」他們則會大聲回答「○○國中！」或更不要臉一點喊「最厲害的學校是？」他們會說「○○國中！」這樣不僅是很好的行銷，也再再提醒他們——每個人都是學校的一分子、每個人都代表學校。

至於，關於這次扣合「環保」和「助人」的畢業旅行主題，我們設計的口號是「我還能多做什麼？」在吃完飯時問「我還能多做什麼？」學生會主動把碗、筷、餐盤等疊起來。

在入住飯店時問「我還能多做什麼？」學生在退房時就會把備品歸位、床鋪整理好，整齊到房務人員誤以為沒人睡過，因為在他們過去的印象裡啊，國中生睡過的房間，就像發生世界大戰。

好的行為持續在生活中發酵

出發前，因為行程已經大致確定，無法額外規畫淨灘或機構服務，能做的就是自帶環保杯、餐具、拖鞋、盥洗用品，不用房內提供的備品，或吃完飯自行整理等，這些都是舉手之勞，都是生活上的實踐。但這些小小的行動，在畢旅結束之後仍然持續發酵，甚至影響家人和社區。

我常在學校附近店家，聽到老闆稱讚我們學校的孩子很有規矩、很體貼，吃完飯會幫忙整理餐盤。聽到別人稱讚自己的學生，比自己被稱讚還爽，沒想到活動結束，還可以繼續享受學生帶給我們的虛榮。或許在達成大目標之前，先落實生活上的小細節，就會讓人很有希望。與其每天關起門來

教育他們，不如讓教育在生活裡慢慢渲染，如此一來，教育的風景真的不一樣。

有時候，孩子做不到，是因為根本沒給過他們表現的機會，在學校重視的常常都是讀書和考試，真心覺得這樣的教育太限縮了。這次的畢旅能如此成功，只是做到美國教育家杜威說的「教育即生活」。杜威認為，最好的教育就是「從生活中學習、從經驗中學習」，才能提供孩子充分生活、生長的條件。

就像臺北市長柯文哲說的「0.9 理論」。如果面對教育總是抱持「這個不用做」「那個沒辦法做」，每個項目都做到 0.9，那麼 0.9 一直相乘下去，結果會趨近 0。若每個部分都多想一點、多做一點，就多那麼 0.1，那 1.1 與 1.1 相乘，結果會愈來愈大。這次的成功就是每個人都堅持多做那一點、發揮團隊力量的結果，超乎想像。

雖然行程還是得交給旅行社，但換個角度想，我們不是把教育外包給旅行社，而是把旅行社給包進來，讓他們成為

教育孩子的夥伴。我們在影響學生跟老師的同時，也企圖影響旅行社，期待他們把這個價值傳遞出去，跟其他學校分享我們的做法。

後續交流是旅行社領隊拍影片送給我們，我們也把修改過的學習單提供給旅行社，讓其他學校也能使用。對的事需要大家共襄盛舉，讓相信成為力量，改變成為可能。

4 課本以外要學的更多

能帶著走的「五」力
才是邁向未來的大能力

只要願意，每個人都是學習高手。

方法不一定在課本，老師不一定是老師。

有熱情，就能影響世界，

懂得感恩導師，才會珍惜人生導師。

來學校的最終目的是「離開」——

要帶著踏進未來的能力，開啓下個階段。

孩子只要被引燃，

▶ 「現在開始努力還來的及！」

在畢業旅行的籌備會議中，我本來希望各班能帶著班牌去，目的無他，是為了凝聚團隊精神，提昇士氣，也是經營品牌的策略之一。但導師可不是這樣想「主任，要帶你自己帶。不可能讓學生帶著班牌爬溪頭吧。」眼前幾位九年級導師全部眼神死。確實，我愛班牌，但若沒老師提醒，我還真的忘了班牌噸位不輕。好吧，班牌就暫時留在學校。

畢業旅行的三天兩夜，重頭戲通常會在第二天晚上。依過往經驗，旅行社會利用這時候帶團康，炒熱氣氛，嗨到最高點。玩得開心很重要，連結情感也重要，如此特別的時刻是連結學生、導師、學校和教學價值的最佳時機。有鑒於此，我老早就跟旅行社要求，晚會讓我們自己來處理。

辦晚會是我的專長，以前到處幫人辦晚會，哪有不幫自己學校辦的道理。自己學校的晚會自己辦，我把這個晚會稱之為「蛻變之夜」，期待晚會過後，孩子就能「轉大人」。蛻變之夜一開場，我先問在場的同學「來學校的目的是什

麼？」並請他們想一個「最重要的答案」，還開出最大獎「答對的話，畢業旅行延長一天！」

「念書！」「考個好高中！」「應付爸媽！」「義務教育！」「被逼的！」「交朋友！」「談戀愛！」「看帥哥！」一聽到可以延長畢旅，大家全都搶著回答，什麼答案都有，但我知道絕對沒有我想的那個。

「大家的答案都很棒，可惜沒人答對。其實，來到學校最重要的目的是『離開』。」我告訴他們不管再愛學校、再捨不得、再優秀、再混，時間到了，一定得離開，重點是離開之後會去哪裡、要去哪裡、是否能去想去的地方、還是只能羨慕別人去了你想去的地方。

我相信，每個孩子升上國中時，都對自己有期許，我的問題背後的問題是「此時此刻，你對自己還滿意嗎？」我沒有把背後的問題說出來，但我提醒他們「現在才剛開學，努力還來得及！」

用 5 力引導，堅定變好的信心

用這個問題開啟了蛻變之夜後，我用「○中有品、成功有你」這句口號，化做五力—學習力、熱情力、勇氣力、感恩力、榮譽力，每一力都設計了一個活動，讓大家體驗和挑戰，並在挑戰過後，透過引導、連結，傳達正向的觀念。這 5 力各有各的重要性：

學習力：方法不一定在課本，老師不一定是老師

許多人（不論老師、同學或家長）都以為來學校就是念書，成績不好、念不好，就排斥來學校，這根本畫錯重點，來學校不只是念書，還要「學習」。學習的目的是讓自己愈來愈好。

例如「交朋友」「表達能力」「和討厭的人相處」「占球場」「談戀愛或失戀」等，都可能是在學校學習得到的能力，當然不只這些，還有很多，學都學不完。每一項能力都可以找到比自己厲害的人當目標，這個人不一定是老師，這些方法也不一定在課本。

能帶著走的「五」力
才是邁向未來的大能力

人天生來就會學習，愈長愈大反而愈退化了。忘記自己怎麼學走路，應該也看過其他小小孩學走路吧。從一歲左右，開始學習站，跌個幾百次、哭個幾百回，愈挫愈勇，就學會走路了。懵懵懂懂的年紀，沒有人會因為跌倒就不想學走路。反觀長大的自己，遇到不會的事、碰壁了幾次，反而就退縮了，似乎忘了自己曾經是學習高手，從會走路就看得出來。

熱情力：用熱情去影響世界，別讓世界澆熄熱情

好比在既定行程（畢旅）增加新的教育目的，讓整個活動更有意義外，更激發學生想要保護環境、幫助身邊的人的心，於是不斷地想「我還能多做什麼？」

做某些事時，當下對自己沒任何好處，甚至有點麻煩，但因為是一起行動，就不覺得苦，也不會無聊。從只有少數人「想」這麼做，到一群人心甘情願去做，這就是熱情力，熱情力往往能成為一種感染力、影響力。以後，在他們走在實現夢想或理想的路上，被笑、被說不可能或幼稚，多多少少會想起國中的畢旅。

在〈那些年，我們一起追的女孩〉中，男主角被初戀女友罵幼稚時，他回「對啦，我就是幼稚，才會追你追那麼久！」幼稚，就是明知不可為而為之，充滿熱情的人，才可能如此，算起來也不一定是壞事。願人都能用熱情去影響世界，不要讓世界澆熄自己的熱情。

勇氣力：即使現在很糟，也不放棄進入更好的未來

有一位九年級的學生因為生病，長時間要待在醫院，他偶爾才會回學校上課。不過，他生性樂觀，從不以生病為苦。他腳的骨頭很脆弱，有次好不容易又盼到他回校，卻在去上廁所時，骨頭斷了，還從皮膚刺穿出來。在同學陪他去保健室的路上，他不斷安慰同學，叫他們不要害怕。

他總是說「還有許多人比我更辛苦。」如今，他想學醫，為的是能幫助跟他一樣生病的人。即使生病了、被迫放棄最愛的運動，他仍然沒有放棄進入更好的未來。我請他上臺分享自己的經歷，他激勵同學，未來碰到想要放棄、沒有勇氣時，要想到「身邊有一個狀況這麼艱辛的同學，都還堅強的努力著，我們憑什麼放棄。」

感恩力：先懂得感恩學校導師，才會珍惜人生導師

這輩子，如果還有人管教，有兩個原因。一是看到我們的潛力，二是他對我們充滿期待。在學校學習的階段，有人冒著被討厭的風險，想盡辦法讓學生更好。只要學生表現好，他們比學生本人還更高興，當學生受挫、難過，他們的心會比學生還痛。這些人，通常就是導師。孩子要先懂得感恩學校的導師，才會珍惜離開校園後的人生導師。

畢旅時，我就告訴學生，大家可以玩得這麼開心，是因為暑假時，導師把所有行程都走過一遍、開了很多次的會，只為了給大家最棒最好玩的畢旅。我事先偷偷安排同學寫卡片，再請他們對導師公開念出內容，最後再把卡片送給導師，以增加這個關係的連結，因為導師是影響學生最多的人。

榮譽力：透過授牌儀式，強化校園的品牌經營

榮譽，是品牌經營很重要的策略。我從來沒打消帶班牌的念頭。我們出發之後，我打電話回學校拜託學務處的同仁，去各班教室把班牌找出來，再拜託校長直接從三峽開車載到溪頭來。

整個運送班牌的行動雖然保密到家，但全程都有錄影。在晚會現場播放影片時，不只是學生，連導師們都驚呼連連。當班牌從舞臺後、被事先已知情的同學拿出來時，現場充滿師生的掌聲、尖叫聲。接著，我請各班班長來到臺上，由校長親授班牌，告訴他們「要扛起班級和學校的榮譽本來就不簡單，升上九年級後，未來一年是學校最年長的一群，要不斷提醒自己得當學弟、學妹的典範。」授牌儀式後，大家齊聲唱校歌。我們的校歌第一次傳唱在溪頭山區。

　　這次的畢旅晚會不僅空前也肯定絕後，由於晚會超時，把大家載來的遊覽車已經開走了（因為司機有工時限制，他們必須先回飯店休息）。整個夜晚的溪頭，被我們霸氣包場。會後，是滿天的星星和步道旁的蟲鳴，一路引領著我們步行回飯店。期待晚會中的每一個提醒，都能像天上的星光，指引孩子未來的路，朝著目標走得更遠更順。

5 老師不設限，學生無極限

學生只要被引燃
行動力就會驚人爆發

看似二選一的現實問題，
只要多想一點，就有更多選擇。
教育的重點不是學校教了什麼，
是學生在大人的影響下做了什麼。
當老師自我價值感被提升，
就願意帶領學生改變與行動。

Chapter 2 孩子只要被引燃，
行動力就會驚人爆發。

166

多想一點，產生更多選擇

當改變發生，學生行為和校園氣氛都會有很大的不同。我們仍然必須思考「要怎麼讓改變延續下去？」唯有持續改變，才能營造這個場域的文化，並傳承下去。首先，必須讓更多人加入改變的行列。每個人都是引燃者，讓點變成線，線再變成面，涵蓋的範圍會愈來愈廣。

校園中，最重要的「點」是導師，導師是最佳領導者，領導自己的班、三十多個人，如果兼任行政職的人能影響導師，導師再往下影響學生，這個擴散的力量是很強大的。學生只要被點燃，他們的行動力跟影響力就會爆發，結果超乎想像。

但我也知道擔任導師事情非常多，七點半就要到校，看早自習、看掃地、催作業、改聯絡簿、聯絡未到校的學生，接著上課、留意誰上課不認真、看學生午餐、看午休，放學後，還要留學生下來補作業、電聯家長。要是碰上班際活動或比賽，還要想 idea、帶著學生練習。

學生只要被引燃
行動力就會驚人爆發

167

導師的時間被塞得滿滿滿，還要增加他們的工作量，好像太殘忍了。偏偏最親近學生的導師直接帶動，才是改變長久之計。該怎麼辦才好，期待導師多加發揮影響力，又怕導師太累，難道只能二擇一、有一好沒兩好嗎。

　　這讓我想到之前碰到一個有趣的情形。我曾經報名一個行銷的課程，講師請現場學員兩分鐘內畫一條魚。時間到了，老師問大家畫的魚，頭是朝左還朝右。學員大概有兩百多個人，全場魚頭都朝左邊，只有一個人除外，那就是我。我畫的是正面。

　　當下我很驚訝，講師也很驚訝。在他過去的上課的經驗裡，大部分人畫的魚頭都會朝左，只有少數朝右邊，還沒遇過畫正面的。他好奇地問我「你為什麼會畫正面啊？」見鬼，我才想問大家，你們的魚頭怎麼都畫在左邊。講師不放過我，不斷逼我回想。絞盡腦汁，我想到，我只是在畫之前先想了一下「我可以怎麼畫，才能不一樣？」

最怕付出與肯定不成正比

這個「多想一下」，讓我在接受指令時，多了選擇，就有不一樣的結果，這個結果或許標新立異或許別出新裁。後來，我在演講的場合，也常常用這個方法，請大家畫魚，果真百分之九十九的人畫的魚頭都朝左邊。在校園生態裡，我們也「還有別的選擇」。

任何事都可以有不同的詮釋，要在事情很多、身體很累的情況下發揮影響力，這個選擇就是「價值」，要做有價值的事情，得先提高自己的價值感。

累沒關係，怕的是心累。忙沒關係，怕的是沒被看見。心累，就是沒發現價值。認真的人最怕付出與肯定不成正比，久而久之就會掏空精力、失去信心。提升導師的價值感是建立校園文化首要之務。

首先，我請志慧組長去慈惠和幫忙整理資料，把某位導師推出去參加甄選，果然實至名歸，獲得新北市優秀導師。

其實，學校裡大多數的老師都很低調，通常做事認真但不會主動爭取榮譽，有人推一把，能讓他們的好被看見，自我價值也會提升，自然更有動力驅動改變。

接著，我們鎖定九年級導師，希望他們在學生會考後到畢業這段期間，帶學生做一些跟歷屆不同的事。以往這段期間的九年級生通常很混亂，好像考完會考就剩下畢業和填志願了。為了讓學生有事做，學校行政總是會安排很多活動，讓學生從事一些平常因為要準備會考而不能做的事情。如果會考是學業成果的總檢核，那一個學校學科以外的教育總檢核會是什麼？

國中教育本來就不只有會考這個目的。教育其實可以被反轉，讓學生從接受者變成給予者，不再由行政人員為學生安排活動。就像電影〈讓愛傳出去（Pay it forward）〉中的老師出了一個作業給學生「設法改變世界，並採取行動」。我也期待引導學生，讓他們主動做些什麼，看看教了三年的學生，是不是符合我們的期待，當然不是指榜單和升學率。

孩子做什麼，比大人教什麼重要

不論怎麼做，都要循序漸進。就像東西買來要先試用，習慣了，才會變成需求。我們想到的「試用包」是邀請導師在每個星期四早上，利用早自習的時間來個晨間讀書會，現場會分享活動或教學的素材，讓導師可以直接引用，在班會課帶著學生進行討論。

還記得第一次的晨間讀書會，我一開場就問在場的導師「各位老師，你們會考後的時間打算如何安排？」大部分的導師沒有明確的想法，回答也零零落落。幾個星期過去，導師開始會拋出自己的想法了。

透過共同討論的機會，集思廣益，融入更多教育價值，衛生組提供了一份「畢業前，我還能為學校做什麼？」的問卷給各班導師參考，期待他們之後帶著學生簡單寫下企畫書。我想，改變就是這樣，很自然地陸續發生了。

在導師帶領下，會考後的各班執行了不同的企畫，打掃公車候車亭、地下停車場、天橋、社區公園或前往學校後山淨山。過程中被民眾看到了，都不吝給予稱讚。還有班級是去幼兒園說故事給小朋友聽、協助幼兒園清潔工作。有人到榮民之家才藝表演，帶著爺爺奶奶同樂。

有班級則是整理自己的參考書，送給學弟妹，或把運動服、制服洗乾淨、摺好，捐給學校，贈送給有需要的學弟學妹。最棒的是，這些事情根本無關「服務時數」和「升學加分」，都是學生在導師引導下，由心而發的行動。

教育不是老師做了什麼或教了什麼，而是在我們的影響下，孩子做了什麼。看著孩子的表現，感到很慶幸，幸好大人沒有放棄發揮影響力，幸好導師願意多想一下，做了不一樣的選擇。

這些孩子在導師引導下，也做了不同選擇，讓原本只有嘻笑打鬧的畢業前夕，畫下滿足且充實的句點，也讓孩子知道，自己就是改變的源頭，只要願意，就可以捲起袖子，投

入行動，讓環境因為自己變得更好。服務行動的照片裡，不是之前義務工作的面無表情，每一個學生都是堆著滿滿的笑容，大概是單純覺得想做、該做、而去做，才能洋溢這樣的幸福。

學生只要被引燃
行動力就會驚人爆發
173

如何從「我」一個人
展開成「我們」這個團隊

　　當初不知哪來的勇氣，自告奮勇「校長，如果您願意，讓我來接學務處吧！」學務工作是學校第一線的戰鬥單位，但學務處也是可以最快速、有效改變學校的第一道力量。我想試著挑戰和承擔。

　　講完之後，連自己都被自己帥到，問題是「帥完了，然後呢？」改變不能只有一人，桃太郎、唐三藏、賈伯斯、詐騙集團等，有什麼共同點，就是他們都有團隊。改變的第一步，就是找到我的夥伴。

　　只是，想接校園裡行政工作的人，根本少之又少，因為吃力不討好，薪水也沒多多少。接了行政工作後，雖然不至於要卑躬屈膝，但常常要拜託別人，加上現在的教育政策就像二十四小時無休的便利服務，辦法和計畫只會增加，不會減少。

大概因為這樣，確定接主任之後，同事看到我、我都還沒開口，他們通常都要趕著去上課了，就怕一個不小心被我邀請來學務處。我到底要去哪裡找跟我一樣喪失理智、不怕苦難的人，又要怎麼說服他們來學務處。

　　當然，我不想因為人不好找，就降低標準。對我而言，行政工作不是找到人做就好，在我美好又不理性的想像裡，接下來的學務處是要能夠建立系統、創造改變，甚至延續下去。我要組的必須是一個像超級英雄的團隊。

　　「一個人走的快，一群人走的遠！」這句話大家應該不陌生，我也很認同，但我更相信如果要走的又快又遠，就要找到「一群對的人」。對我而言，快跟遠都重要。

　　畢竟做的是教育工作，孩子待在我們學校就只有短短三年而已，哪有時間慢慢來、慢慢磨，我很怕因為自己的保守，耽誤青春生命的學習與成長。曇花一現的改變不是教育該追求的，我希望的是建立系統、形成文化，想辦法延續下去。我建立團隊、找人的三個前提是：

你就是我要找的人

1

人格特質 >>>

願意正視並解決問題，勝過重複描述問題或抱怨事實。

2

價值觀 >>>

認同老師的身分，並願意創造老師及教育的價值。

3

教育哲學 >>>

以學生為學習主體，注重各方面平衡發展，並關注每一位學生。

除此之外，最好是能馬上上場的作戰型人才，而且還要夠瘋狂才行。學校不像企業能用高薪、好待遇來網羅人才，「價值引發價值」是我僅有的籌碼，我得想辦法引發這些人才的教育理念和熱情，喚起他們當老師的初衷及對學校的責任。千萬不要隨口一句「來當我的組長吧！」「拜託，找不到人了，救救我吧。」這絕對是死路一條。

為了籌組團隊，我不知道參考多少團隊感召的策略，只要有參考價值，通通來者不拒，後來我企圖用以下五個層面來傳達我的熱血，也喚起他們（即將被徵召者）的熱情：

2

價值共創 >>>

重申教育的初衷、人
的關懷，期待一起共
創新價值。

1

與誰同行 >>>

讓他知道我有看到
他的特質，表達我
對他的欣賞。

3

喚起責任 >>>

說明學校的現狀，不
是來幫我，是和我一
起肩負改變的行動。

5

捨我其誰 >>>

承接他們可能的疑
惑、擔心，藉此強化
彼此的勇氣。

4

熱切期待 >>>

讓他知道我很期待能夠
一起共事、一起為學校
創造些什麼、一起實踐
教育願景。

　　團隊的要素，是共同的承諾，少了它，便只是看個人表現
的團體。有了它，團隊才會成為可以創造集體績效的強大單位。
這種承諾，首先需要一個團隊成員都相信的目的。

　　　　　　　　　　　　　　　　　——摘錄自《哈佛商業評論》

如何從「我」一個人
展開成「我們」這個團隊

　　要從「我」一個人到「我們」這個團隊不是很容易。但看著逐漸找齊的組長名單，油然而生一種滿足感，始終相信這絕對是一個超強的組合，因為他們教學經歷豐富，對待學生都很有一套，帶班更是深獲家長認同。我期待三顧茅廬組成的「天團」能朝五個目標發展：

1 信任的團隊

　　溝通是首要，信任是基礎。有溝通才有信任，信任了才好溝通，如此才有安全又安心的環境可以繼續走下去。這也是我每周都固定時間召開處室會議的原因。

2 創意的團隊

　　用新眼光看舊事情，多問「為什麼」來深入探討。很多人都說創意就是要打破框架，我覺得不是每個框架都打得破，但可以擴張跟選擇，思考每一個活動能為學生創造的最大價值。

3 實現的團隊

　　當團隊裡每一個人的想法或理念都可以有效表達，甚至透過整個團隊來實現時，個人對團隊就會有更強烈的歸屬感跟擁有感，也同步帶動校園整體文化的改變。

4 活力的團隊

第一層的活力來自輕鬆地相處與互動，更深層的活力則源於看到自己工作的意義和遠景。人有沒有活力，可以從眼神跟笑容判斷出來。

5 影響的團隊

秉持「不是要改變你，是改變自己來影響你」的模式，避免抗拒的聲音。最終目是影響全校師生，把歸屬感從處室擴展到整個校園。

我在找齊了團隊成員、第一次的學務處會議上，設計了三階段的流程，透過三個提問來帶領我的團隊進行初步凝聚，目的是強化上述五個團隊定位：

1 為什麼（Why）

這個最重要，是改變的起點，也是目標的終點。我習慣從「既有問題」「美好未來」兩個面向來協助夥伴找初衷與強化信念。這也是我最在意的階段，對教育人來說「為什麼」就是價值。

透過既有問題激勵 >>>

通常是引發厭惡、憤怒的情緒，轉換成想改變的力量。例如，目前校內最棘手的問題等。

美好未來引發渴望 >>>

由於對美好結果的渴望，強化想改變的企圖。例如，學校可以發展的特色與可以給學生的願景。

2 怎麼做（How）

確認團隊的運作模式和精神，訂定改變的方向、目標及步驟，也把對團隊的五大定位期待拿出來再次討論。

3 做什麼（What）

先把重心放在「簡單」改變，特別是在初期，很需要利用小贏（小目標）來讓大家發現「學務處變得不一樣」，藉此贏得他人的信賴，也建立團隊信心。

「瘋狂到以為自己能夠改變世界的人，才能真正改變世界。」我很喜歡賈伯斯說的這句話。心念不同，結果就會不同。團隊要知道自己的選擇不只在影響自己，更直接影響到許多來到我們面前的孩子。他們的未來是白茫茫的迷惑，還是充滿希望的藍圖，就是我們選擇的結果。

尚未運作前總是充滿理想與幻想，但在面對繁忙公務與一大群屁孩時，要保持這樣的初衷很難，因為這樣更需要團隊支撐，才能保持信念，真的做到改變。為了保持大家的熱情，我不僅會隨時口頭鼓勵他們的好，也會在期末寫感恩信給團隊裡的每一個人，包括役男與實習老師。我沒瘋到像賈伯斯那樣想改變世界，我們只想改變學校的氛圍。相信成為力量，改變就有可能。

掃描看更多！
組成團隊前
的邀請函

掃描看更多！
學期末給團隊
的感謝函

當懲罰已經無效
我們可以這樣做

Chapter 3

讓孩子知道出錯是行為，從來不是他這個人。

1 在學生迷惘的時候

讓他繼續向下沉淪
或是給他一個救生圈

中學生活像是一部電影，

在他荒誕的青春劇裡，會出現一個老師，

那個老師做的決定會影響一輩子。

在行政事務上，常常必須面臨抉擇，

被賦予權力的我做的每個決定，

是創造一個機會，還是毀掉一個人。

Chapter 3　讓孩子知道出錯是行為，
從來不是他這個人。

🔖 案情不單純的轉學生

「主任，有轉學生喔，板橋轉來的，已經家訪過有居住事實。」第一次和小成見面，是媽媽帶著他來辦轉學，要轉入我們學校。為了避免跨區就讀，我們會事先詢問是否真的居住在校區內。

稍微翻閱一下資料，果然這位轉學生在之前的學校出了狀況，於是原學校和家長達成協議要轉換環境，講白了就是轉學，原校獎懲記錄會因應此狀況稍作調整，這一直是校際間的默契。

「媽媽，我們都知道突然轉學一定不會沒有原因。我們學校管得很嚴，進來如果不適應、要再轉學會更痛苦、麻煩，你們要不要再考慮一下呢？」面對這樣的個案，能擋就擋更是默契，畢竟，會突然轉學通常案情不單純。

「主任，可以給我們一個機會嗎？他以後真的會改。」言談中才知道，他們本來想去其他學校，被拒絕才來到這。

由於媽媽一直拜託，我實在於心不忍。於是，我跟小成約法三章，讓他知道我們不在乎他的過去，只在乎他的未來，希望他可以重新開始，遵守規矩，適應新環境。同時，也嚴肅的告訴他，想變好的話，我們會全力幫他，如果想來當老大，那就來錯地方了。媽媽聽完，急著幫小成開口「會會會，他會改，拜託主任了！」

　　「媽媽，我要聽小成自己講！」我最怕家長總是搶在孩子的前面，這樣孩子永遠學不會承擔。後來，小成不情不願地吐出這幾個字「主任，我會改！」即使我們都清楚，不可能說變就變，但願意開口承諾，是重新開始的關鍵，這能為後續的改變打好基礎。

　　轉進我們學校之後，小成除了偶爾捉弄同學外，沒有什麼誇張的行徑，和同學老師的相處也都還算融洽。然而，就在蜜月期剛過不久，還是出事了。那天，小毅媽媽生氣的找到學校來，說「主任，如果不叫他轉學，那我們直接找教育局處理。學校要給我一個交代。」

小毅是小成的同班同學，他們的互動本來就有點狀況，以致小毅家長覺得小成老是故意找小毅麻煩，所以氣到直接到學校表明立場。

校內也是有一些聲音，勸我利用這樣的機會，讓小成順勢轉學離開，省去之後更大的麻煩。我心裡很是糾結，因為小成轉來之後，除了偶爾難免有些小狀況，已經改很多了。

把破壞力量反轉成正向力量

事件發生的隔天，早上七點多，我剛到學校，學校裡還沒有太多學生，遠遠就看到學務處外有兩個人影，走近一看，才發現是小成母子。

小成媽媽一看到我，馬上湊上前來，急著說「主任，真的跟你拜託，可以不要再趕我們走嗎？我才剛簽好約、繳完房租，我們真的已經沒有地方去了！」小成媽媽一邊講，一邊就要跪下來，嚇得我趕快拉他起來。

「小成，如果我不是老師，你不是○中學生，我一定揍你。你媽為了你要跟人下跪，只為了不要讓你轉學。當初是你說會改的，有事請自己承擔，不要找你媽來。你說會負責，負責個屁，你能做的是把你自己過好，不是犯了錯讓你媽被叫來。看到你媽這樣我很不捨，但他是你媽，不是我媽，只有你可以保護他。」我把小成拉到旁邊，瞪著他說了這一大串。

　　其實，我的心裡很矛盾。學校常規工作就很繁忙，處理「一般」學生問題就處理不完了，少一點這樣的個案，肯定會比較輕鬆，能騰出多一點心思在其他學生身上。但我又想起全心投入青少年教育的禪心師父告訴過我「一個破壞的力量，如果有機會變成正向的力量，這樣一來一回是相差好幾倍的！」

　　遇到這樣的關鍵時刻，我總會捫心自問「我來當老師的目的到底是什麼？有需要多我這個人當老師嗎？」思考的當下，我的心中已經做了選擇。

後來，我為此召開協調會，並把兩個學生和雙方家長都找來，目的是大家一起坐下來、講清楚。對我而言，在學校發生的事情都可以當成「教育事件」，用學習的心態來面對，彼此都可以從中學習和成長。每一個事件的發生，最大的傷害往往不是事件本身，而是讓自己一直停留在傷害中，沒有提取經驗，讓自己更好。

　　一開始由我代表校方和兩位家長說明，班上同學相處上有狀況，校方感到很難過，並承諾我們會在未來盡力保護每個孩子，不允許這樣的狀況再次發生。此外，我們表達尊重小毅媽媽想找教育局的想法，但我們更希望小毅能學會自我表達感受、拒絕與捍衛權力，當然，學校會從旁協助，並期待家長能再觀察。

　　至於，小成是否會因此轉學這件事，我也表明校方無法也無權強迫，但留原校的觀察期間，絕對會更嚴格的要求與約束。雖然小毅媽媽當下沒有明講，但我知道他大概勉強接受了校方的建議。

協調會之後，我刻意把小成拉到一旁。我跟小成說「即使別人一直給機會，自己不給自己機會，那也沒有用。」其實，我正在想辦法建立他的信心，讓他知道他很聰明、很有本事，明明可以好好表現，讓媽媽感到驕傲，而不是像現在這樣一直讓他低聲下氣向別人道歉。

我講了很多，小成默默地低著頭，不知道聽進去多少，我接著講「現在開始好好銷過，就有機會參加技藝班，如果技藝競賽得名，搞不好可以保送到公立高職，也可以讓以前學校的老師刮目相看。」

在青春劇本裡的關鍵角色

老實說，擔任學務主任這個職務不是什麼偉大的工作，任何一種處理方式都無法盡如人意，但還是必須做決定。當看到電視劇〈我們與惡的距離〉裡，律師王赦努力為眾所不容的犯人爭取權益時，更讓我聯想起校園裡面臨的抉擇。當我們被賦予權力，所做的每一個決定，會是創造一個機會，

還是毀掉一個人。

　　就算真的該死的人吧，他也應該跟我們有一樣的人權，這是人人生而平等，均等的權利，保護這些人的權利是我的工作，是我想做的工作，是我喜歡的工作。就算被這個社會討厭的人，他也應該受到司法程序正義的保障。

——公視〈我們與惡的距離〉

　　我可以順著大部分人的聲音，讓小成「又」轉學，不僅沒有人會怪我，還會有很多人感謝我。但一旦這樣做了，小成的人生劇本會如何繼續寫下去。再度被轉學之後，他又會怎麼看待他自己、看待學校教育、看待老師與同學。我可以放手讓他繼續漂流，也可以拋下一個救生圈。決定的背後是公平正義也是當老師的初衷。

　　每個孩子的中學生活都像是一部電影，在他荒誕的青春裡，一定會出現至少一個老師。電影演到這裡，關鍵轉折就出現了，這個老師講的一句話和做的一個決定，往往會影響他一輩子，甚至影響結局。我始終期許自己是這個可愛又迷

人的關鍵角色。

　　還好，協調會結束之後，小成行為果然收斂不少，踏上覺悟的腳步，還真的銷了過、參加技藝班，而且在導師、資料組長、技藝班導師，還有高職端的鼓勵下，他成為技藝競賽選手，即將代表學校參加比賽。

　　他很拚、非常拚，在寒假集訓時期，幾乎天天都早上六點多天還沒亮就到學校，直到晚上六、七點天黑了才回家。筆試模擬考前夕，我跟小成打賭，如果他拿滿分，我就請他吃牛排。沒多久，他就囂張地拿著考卷出現在我面前晃啊晃的，跟我要牛排。

　　後來，小成參加新北市技藝競賽獲得了全市第四名的成績，因此還直接保送到新北市公立高職的第一志願，同時登上了報紙版面。這是他第二次上報，他上一次上報的原因，就是被迫轉來我們學校的原因。一年多前，壓根沒人會猜得到故事會這樣發展。

「以前我是一個很愛玩的學生，要是還待在之前那所學校，根本沒有辦法畢業，來到這裡之後，因為找到自己的目標，才能參加技藝競賽。謝謝很多老師的幫忙，現在我不只可以順利畢業，我的成績還可以申請到公立高職。」小成接受主持人的訪問時這樣說。

　　技藝成果展時，有電視媒體前來採訪。那天，主持人需要有同學分享技藝班的學習過程，我馬上想到小成，鼓勵他分享自己的故事。成果展後，我打電話給小成的媽媽，恭喜他也告訴他「你的兒子沒有讓我們失望，希望我們學校也沒有讓你失望。」

2 被懲處耽誤的彌補機會

從「靠北」到「讚嘆」
用正向行動解除記過警報

「對不起，可以不要記過嗎？」

學生因為好玩創了靠北學校的社團，

按照校規應該記大過乙支。

以權威很難讓人改過、不再犯，

教育本質是讓孩子記住錯誤，

並嘗試彌補，把傷害降到最低。

別讓學生失去彌補的機會

　　某天，我意外得知有學生在臉書建了一個「靠北〇中」的社團。平常看到「靠北」系列都當成笑話來看，沒想到今天換成服務的學校被人家當笑話看。不諱言，第一時間知道超級不爽，告知其他同仁更是暴氣怒轟，叫我找團主「踹共」。

　　「聽說你在臉書弄一個『靠北』學校的社團。我們學校哪裡對不起你了，讓你這麼討厭，找大家一起來『靠北』啊？」對學生而言，這個社團早就不是祕密，要找團主其實很容易，我把團主找來，要他把話說清楚。

　　「我沒有討厭學校呀！」小琪無辜的說。在多數師生眼裡，小琪是個聰明的孩子，還曾代表學校去比賽，完全無法把她跟這件事聯想起來。聽起來，他的確沒討厭學校的意思。滿腔憤怒被好奇心取代，生氣不起來。一問之下，才知道他是看到網路上很多靠北社團，想說好玩就建了一個，沒什麼特別的意思。嗯，只是覺得好玩。

「好玩？」聽到這，我火就上來了。校內每個人都如此努力想讓學校的好被看見，這個「好玩」的社團，如果被不了解的人看到了，他們不知道會怎麼看怎麼想。「我氣你把大家的努力當成什麼了，哪裡沒做好你可以跟老師說，我們一起變好啊！」

　　「我不是故意的，」他說「我沒想到會這樣。」這根本不能當理由，我讓他知道按校規處罰，嚴重破壞校譽就是大過一支，我甚至想給他兩支。小琪嚇傻了「主任，對不起。可不可以不要記過，」繼續哀求「我真的不是故意的！」

　　「對不起不是用說的，需要拿出行動來證明。」我這樣告訴小琪。當「不是故意」會傷到人，就要用「留意」來避免，並「刻意」來彌補。我試著讓他懂得錯誤的所在和嚴重性。我知道小琪很有想法，也很有能力，還曾經為校爭光，沒想到現在卻因為「好玩」而做出傷害學校的行為。記過無法解決問題、恢復已毀損的名譽，與其如此，不妨讓學生思考如何彌補，以功銷過。

◐ 練習承擔，學會為自己負責

隔天，小琪很開心的跑來找我，彷彿什麼事情都沒發生過似的，害我一時之間，也不知道該用什麼態度面對他。他興致勃勃地說「主任，我想到一個好辦法，你一定會覺得我很聰明。我把『靠北○中』，改成『讚嘆○中』了，以前那些亂貼的文章我都刪除了，也放了新文章，讓同學講學校正向的部分，讓網友知道○中的好。怎麼樣，很棒吧！」

雖說知錯能改，善莫大焉。我姑且接受，但多罰他在期末修業式時，代表所有學生上臺感謝志工整個學期的教導與付出。我心裡是很欣慰的，他做得很好，若我堅持記過解決，就沒有這些後續了，被破壞的校譽，也失去翻轉的機會。

我向來不喜歡用記過來處罰學生，比起記過記警告，我更喜歡有創造性的處罰，尤其是錯誤行為可能傷害到群體時。就像抓到抽煙的學生，特別是在校外抽煙的，過去做法就是記過、參加戒煙教育，但這實在太便宜他們了，以致一犯再犯，三犯四犯是常有的事。後來，生教組長改罰他們放

學後去社區做勞動服務，負責撿菸蒂、打掃街道，並且要穿著學校的志工背心，目的是透過服務把名聲拿回來。

還真的有社區的人看到，稱讚我們國中「進步很多、變乖了！」他們不知道的是，這些孩子就是以前亂丟菸蒂的死囝仔。這是經營學校品牌的一項策略，讓學生知道自己代表學校，以校為榮，就會學會珍惜，爭取表現。

雖然說不愛記過，但有一種情況例外，就是遇到「孩子年紀小、不懂事，再給他一次機會啦！」或「他在家很乖耶，都是被同學帶壞、交到壞朋友才這樣，可不可以不要記過啊？」這種家長代為求情的情況，我幾乎都不會手軟。過，我會先記，但我也會明白告知家長，只要後續完成銷過的程序（如勞動服務、課堂觀察），是不會留下任何記錄的。

不是我故意找家長麻煩，而是唯有如此，孩子才會知道犯錯是需要付出代價的，這個代價不是爸媽一兩句話就能一筆勾銷，沒有人可以被爸媽保護一輩子。站在教育的角度，被過度保護的孩子，永遠無法學會為自己負責。若將來犯了

更大的錯誤，甚至需要整個社會都為他承擔。這是所有人都不樂見的。

懲處是為了改過，不是掌控

我曾經和同為師長的朋友針對記過這件事，展開一連串的討論，或說辯論，而且是激辯。說出我的想法之後，對方氣憤填膺地說「怎麼可以不記過，這樣對其他同學不公平。這樣就是姑息養奸，以後做壞事的人都不怕了。」朋友說的有道理，國有國法，校有校規，但記過的目的終究不是為了讓老師情緒有個出口、讓大家覺得「公平」，而是為了減損傷害、預防錯誤再次發生。

在《我們與惡的距離》中，飾演法扶律師王赦的吳慷仁，就在酒後情緒崩潰吶喊「一個國家要靠殺人（死刑）才能撫慰人心嗎！」我也很想知道「一個學校難道要用記過才能撫慰師心嗎！」什麼是惡，什麼是善，我怎麼能夠斷定學生行為的背後藏著什麼想法，或為什麼會有這樣的行為，這些都

應該要去了解。

　　對就獎勵，錯就懲罰，然後就劇終，那我們要的到底是什麼，我們得到的又是什麼。沒有搞清楚「記過」或「處罰」的目的，就很容易拿孩子的錯誤來懲罰自己──自己氣得要命，但學生行為沒有改善，雙方關係還愈演愈「劣」。更慘的是，氣了半天，學生還不知道你在氣什麼。

　　也有老師會說，我沒有生氣，但我就是要嚴懲，要讓他怕，怕到以後不敢再犯。暫時不論是不是為了宣洩情緒，但孩子學到的只是威權下的妥協，第一時間恐怕很難了解狀況的嚴重性，乃至去同理他人狀況、主動彌補傷害。

　　處理學生的行為問題不是只有處罰一途。處罰是為了幫助學生記住過錯並嘗試修正、不二犯。唯有回到本質思考，在面對孩子錯誤時，才能平靜且清楚地看到孩子的行為模式（例如遇到問題容易逃避、情緒激動），游刃有餘地選用最佳策略。最差的處罰結果就是大家都停留在過錯中，孩子繼續犯錯，大人繼續生氣，持續拿錯誤來懲罰自己。

國中階段是青少年價值觀跟人格發展的重要時刻，對孩子犯錯的處理，是關鍵中的關鍵，師長的態度與方式會影響孩子一輩子。處理的好，學生從中學會尊重、體諒、負責，處理不好，則導致他們繼續狡辯、推諉、逃避。

　　沒想到，靠北〇中事件真的有老師抗議「沒記過，不公平！」他們擔心無法對「其他人」交代。我絕對不是偏頗小琪，只是期待犯錯的學生都可以用更多正向的行為來彌補，這樣才符合教育的本質。不過，為了不造成「其他人」困擾，我還是乖乖的寫了正式簽呈跟校長報告，表示該學生已知錯並後悔莫及，不只保證不會再犯，也用具體的正向行為為錯誤做出彌補，將對學校的傷害減到最低了。

出錯的是行為，而不是他這個人

　　在犯錯中學習，生命就可以快速成長。我一直認為學校就是設計來給學生犯錯的地方，給孩子一個允許犯錯的環境，就好像戴上護具，即使跌倒了，可以不要那麼痛，且能

夠經過調整再出發。記過，既像警示的交通錐，提醒著這是容易跌倒的地方，又像初學騎腳踏車裝的輔助輪，步入正軌後，就可以拿掉了。

處罰有時候就是標籤化，假使沒有人即時出面協助、澄清，孩子就會把標籤慢慢烙印在自己身上「對，我就是不會念書！」「對，我真的很沒有用」「你們都說我壞，我就壞給你看！」「你們根本不在乎我！」標籤可以貼的好又貼的巧，利用以下兩個方法，幫助我們認識孩子，也讓孩子更認識自己：

即使面對一個貼滿標籤的孩子，也不要老是用第一印象來評斷，應該帶著好奇心，想想他是為什麼成為今天的樣子，從一張一張的標籤去拼湊成他完整的樣貌。撕標籤並不是首要任務，是要協助孩子知道「標籤只是他這個人的一部分」，讓孩子重建價值，才有機會重新開始。例如可以直接告訴他：我本來覺得你是個＿＿＿＿的人，經過相處之後才發現當初誤會你了。

Chapter 3 讓孩子知道出錯是行為，
從來不是他這個人。

創造正向標籤

　　協助孩子看到更多好的特質，也當成標籤貼在身上。若一個孩子本來身上就有「功課不好」「學習力差」的標籤，就去發掘他不同層面的優點，像是「體貼」「做事效率高」「善良」等，讓他不要因為一兩張負面標籤，就覺得自己一無是處。相信我，每個孩子都希望被看見，重要他人的肯定，他們尤其珍惜。

　　在校園或家庭裡，面對孩子的問題行為，師長是陪伴孩子經歷這個過程的角色，目的是讓彼此的未來可以比現在更好，發展出正向的價值觀和互動關係，讓以後再遇到這樣的事情時，可以持續地「優化」。試著用以下提問，帶著孩子走過改進的過程：

- 發生了什麼事？當時的想法是什麼、當時的心情如何？
- 現在呢？對這件事情的心情與想法又如何？
- 想想看，再來一次的話，有什麼不一樣（更好）的做法？
- 除了校規處分外，後續該如何負責與承擔？
- 整件事情處理完後，有什麼特別的感受和學習嗎？

從情緒帶到事件，再帶回到情緒。目的是讓孩子知道，今天出錯是行為，而不是他這個人。若是他願意負起責任與承擔，還可以肯定他這部分的特質，再加上師長的正向期待，就能帶出好的行為，他才能把焦點放在經歷此事件後，如何讓自己變得更好。

　　校園最重要的就是「人」，教人重於教書。事件處理過後，要帶著孩子學習原諒、修復關係、重新開始，不管是傷害別人的或被別人傷害的都要。只有這樣，受傷、害怕的心才有機會被安慰。

小琪
最初會辦這麼一個粉絲專頁 就是因為自己不懂事 人家做什麼就跟著模仿 也不明白無形中會對很多人造成傷害 後來被老師們知道時心裡既委屈又害怕 害怕被處罰 委屈自己又沒做錯什麼 但經過老師一番勸導後才知道事情的嚴重性

當下真的覺得很懊悔
想不通自己為什麼要做出那些事
為什麼不再想清楚一點
沒想到最害怕的懲罰卻能因為老師的幫助
而得以換一種形式讓我思考改過
我把專頁改成感謝安溪
從而可以自投稿的文字裡感受到他人的付出
老師也給了我機會在期末時表達對老師們的感謝

在這之中我不斷的反省
也稍微有點成長了
我很慶幸當時並不是直接記過便草草了事
否則我可能會一直無法理解自己做錯了什麼
為什麼該被記過
我想
教導學生的方式除了責罰以外
還有更重要的
就是體會學生的感受
予以他們自我省思的機會

比起給他們一個框架
期望他們能符合大人們心中「乖寶寶」的標準
讓他們自由探索自主發展
最後從自己的錯誤中學習改過
這才是最重要的
所以我一直很感謝當初老師 我做的一切

幾年後,我在某營隊當講師,竟然遇到念高中的小琪,我們兩個都超驚喜。課後,我跟他聊起學校生活與他那偉大的事蹟。這是事後他傳給我的訊息。

3 每個錯誤都是改變契機

既然這麼愛玩手機
就讓他當學校臉書小編

當學生違反規定，處罰是必經流程，

只是記了過、罵了人，然後呢？

學習可以很多元，處罰應該也可以。

既然講都講不聽，我嘗試「將錯就錯」，

把負面的行為導向正確的方向，

不糾結過去的錯誤，改變才能發生。

讓孩子知道出錯是行為，
從來不是他這個人。

🌓 要記得犯錯，還是記得變好

「拿來，讓你們上夢想家課程，不是要讓你在上課偷用手機。放學來找我！」我搶下小士、小勇的手機，拍著桌子大聲斥喝著。

夢想家課程在別的學校通常叫做高關懷課程，但是我不喜歡這個名字。這是一個標籤，「高關懷」三個字一出現，大家想到的大概就是中輟、抽煙、課業差和品性爛的壞學生，沒有孩子希望被這樣貼上標籤，我也不喜歡。

更何況這些孩子需要的未必只有高度關懷，他們跟其他教室的學生一樣，有學習和做夢的權力。所以輔導組長把課程名稱改為「夢想家」，期待他們未來能踏上夢想的道路。既然一般課程不適合他們，就幫他們開一些多元的課程。老鷹、猴子、魚要學習的東西本來就不同，學校本來就不是只有國英數而已。

「主任，對不起，我們以後不敢了，」小士和小勇依約

在放學後來找我「手機你沒收，你也可以記我們過。」，還以為他們會求我不要沒收、不要記過。但他們這樣講，我反而更生氣。或許對他們來說，記過已是家常便飯的事，再多一支也沒在怕的，也或許他們誤會記過是「負責」和「道歉」的方式。但我向來不認為記過就能一筆勾銷。

最後，我決定先不記過，因為他們根本沒在怕，不然就不會一犯再犯。我要他們學會「負責」和「道歉」的方式，且回歸到學習上，既然要玩手機，乾脆玩大的。我把我的平板借給他們，要他們每堂課都拍照、做記錄，重點是要寫課程心得，每天放學都要交給我，等我看過沒問題，再 PO 到學校粉絲頁，目的是讓大家知道夢想家課程在學什麼。寫得好的話，就聘他們當臉書小小編（我是小編），做不到，就退出夢想家課程。

當初原班導師希望小士、小勇來上多元課程，是因為他們都是課堂上的趴趴熊一族，每天都從第一節課睡到最後一節課，整天頭都沒抬起來過，可能連午飯也在夢裡吃的。老師怕他們的生命就這樣被睡掉，才想讓他們試試看夢想家的多元課程。

孩子長不大，就讓他做大人的事

他們聽完之後，竟然反常沒有討價還價，和我道過謝，就轉身離開了。從他們離開學務處的背影，完全不像剛被罵過的樣子，兩個人興高采烈地交頭接耳，應該在討論他們的「小小編」計畫吧。

說真的，我有點忐忑不安，這樣的「處罰」有用嗎、他們會照做嗎、會不會拿著平板玩電動玩得更爽，不確定感，讓我後悔給自己找了麻煩，直到他們完成第一篇的心得。看完後，我直接在他們面前打電話給他們的導師，告訴他「小士、小勇的表現，出乎我意料的棒！」

「我們的課程叫做夢想家課程，你覺得夢想家的臉書小小編寫的東西，應該給看完的人什麼樣的感觸。能不能寫到鼓勵到人，讓他們看完之後也燃起追夢的勇氣與動力。」聽完，他們露出恍然大悟的表情。其實，他們已經寫得很棒了，但我期待他們發揮更多潛力。

接著，我跟他們一起討論與修改，並把最終版本 key in 到臉書頁面，並讓他們自己按傳送，這歷史性的一刻，他們緊張不已，一邊尖叫，一邊按滑鼠。

夢想家
20 分鐘 · 🌐

當我們換個角度看世界

世間總有一些事是我們永遠無法解釋也無法說清楚的，我必須接受自己的渺小和微不足道。

不要讓不能做的事，妨礙你能做的事。如果你今天做錯事了，導致你必須犧牲某些喜愛的事，那你要好好想自己做錯了什麼、去檢討自己的過錯，這樣才能使自己變得更優秀。

如果你有夢想，那就努力去完成。也許家人不贊同，也許朋友會嘲笑，也許是膽怯阻礙了你。但你要知道愈不被認可的夢想，愈值得你去突破。加油！

我想送看到這篇文章的人一句話『幸福不在得到的多，而在失去的少。』這個世界還有很多我們不了解的事情，等著我們去探索。

掃描看更多！
小小編的貼文連結

當兩個人上完空拍課程的感想文,出現在粉書團的動態之後,辦公室外天早已黑了,我催促他們趕快回家。他們說「沒關係啦,我家都沒有人在的!」「平常都在外面遊蕩到很晚才回去啊!」「這是第一次留這麼晚,不是因為被處罰!」「這樣好像是下班要回家,感覺很棒!」他們邊走邊嬉鬧,消失在走廊盡頭。

一念之間,截然不同的結局

我思考著,如果當初照一般處罰流程,這一切就不會發生。沒有小小編、沒有機會讓大人知道他們的能力。少了這些互動,他們大概繼續趴在教室睡一整天,或我繼續因為他們在課堂上用手機而生氣。

每一個錯誤,都是重新開始的契機,糾結著過錯,只會再次錯過彼此更美好的可能。我總是提醒著自己,要讓每一次的師生互動得到好的結果,即使是處罰。學生的過去我們無法改變,但我們能改變正在發生或即將發生的事情。

學期結束後的暑假，我帶著小士去爬雪山，他因為夢想家的課程，開始對攝影產生興趣。爬雪山前，我交給他一隻 iphone 和行動電源，請他在爬山的過程中，用他的眼睛、快門，好好記錄第一次登山的經驗。下山後，把這些相片放到網路上和朋友分享。他做的很好，還很臭屁的說以後可以開攝影展。

隔年七月，我因為孩子出生，請假陪老婆在月子中心。某天，手機響起，原來是學校的替代役男打來的，他在退役之後，還是一直協助帶領學生爬山。他說「主任，我們在南湖東峰的主峰了，這裡有訊號，我請學生打電話給一個他們認為最重要的人。小士說要打給你，我讓他跟你說喔。」

「對不起，去年答應要再帶你們去爬山，結果我說到沒做到。」還沒等小士開口，我就先表達歉意了。小士口氣很輕鬆，他說沒關係，也體諒我是因為陪產不得已缺席，他說「所以我才要打電話給你啊，你打開視訊，你的畫面就出現在這裡，這樣就表示你也有跟我一起爬上來了啦！」

忘記後來是怎麼掛掉電話的，只記得掛完電話，我拿著電話哭了好久好久，不知道是愧咎、感動，還是開心和驕傲。以前是我帶著他去爬山，現在換他帶我登上主峰。我轉過身，跟我剛出生的女兒說「打電話來的是小士哥哥喔，他是爸比很棒的一個學生，很優秀，很貼心，你以後也要跟他一樣喔。」

4 對待生命不能只用 SOP

用豬腳麵線和過火儀式迎接中輟回校的學生

中輟歸來的學生應該如何對待？
按照標準流程處理最簡單、安全，
但他會帶著中輟的標籤，無法融入校園。
試著以對待家人的方式來迎接，
設身處地知道他的難處在哪裡，
就會知道怎麼去祝福，幫他重返正途。

讓孩子知道出錯是行為，
從來不是他這個人。

▶ 「不一樣」是為了跟大家「一樣」

「主任，小草明天從少觀所回學校了。我們要直接讓他進班，還是留在輔導室觀察幾天？」快下班時，輔導室的兩個同事來找我討論。他們都對教學很有熱情，也是很有經驗的輔導人員，我們時常透過討論來更了解每一個遇到的學生狀況。

聽到這個問題時，我愣了一下，好像哪裡怪怪的，卻答不上來。若中輟或一段時間因故沒有到校，再回學校後會有輔導機制介入，通常有兩種做法。要不直接進班，要不留在輔導處輔導適應後再進班。對學校來說，這是處理中輟生的SOP，如同去大醫院看病、進診間前都要先量好「血壓」「心跳」一樣，這是專業的程序。這樣做沒有問題啊，因為大家都是這樣做。我望著天花板思索著「是不是少做了什麼？」「可不可以多做些什麼？」

想起曾帶過一個學生參加教育局爬山活動。他叫阿凱，由於剛從少年觀護所「進修」回來，頂著一個大光頭出席。

很多人應該都注意到他的不一樣，因為只有他一直戴著帽子。只是這個「不一樣」，是他想跟大家「一樣」的標記。看在眼裡，心裡有點難過。這個不一樣果然出了問題。始業式彩排時，他因為不願意拿下帽子，和教官僵持不下，我很擔心這樣下去，會發生更大的衝突。老師、教官不理解「為什麼他不能跟大家一樣？」只是拿掉十分鐘而已。

「你戴帽子幹嘛，拿掉也很帥啊，不然我也剃光頭陪你好了。反正到時候要去爬山也很熱。」其實，我只是想開個玩笑，畢竟對一個男人來說，頭髮是很重要的。「主任，你才不敢！」孩子真的不會說謊，阿凱臉上的表情是害羞且期待的。

隔天始業式正式開始前，阿凱依舊戴著帽子，我若無其事地靠近他「欸，你看我的頭髮（我真的理光頭），夠義氣吧。可是我沒有帽子戴，你拿掉帽子陪我啦！」我小聲的在阿凱耳邊說。阿凱看著我，一直竊笑，但立馬義氣相挺，帽子脫了放到椅子下，直到整個典禮結束。

只有走進他、靠近他，用跟孩子「一樣」的方式，來陪伴他走過自己的「不一樣」，如此一來，原有的不安、恐懼、擔憂，才有機會得到緩解，彼此都在強化自己的力量。

▶ 大人想法的轉折，孩子生命的轉折

　　如果不只頭髮，而是經歷和他們相同的生命故事時，我會想些什麼、做些什麼。我試想，當同齡的同學坐在教室裡上課、看書，我又該何去何從。離開學校這麼久了「大家變得怎麼樣？」「他們有發現我很久沒來學校了嗎？」「他們會不會猜到我去哪裡了？」「老師會不會罵我？」「萬一有人問我去哪裡，我該怎麼回答？」當我設身處地、思考阿凱的處境時，愈想愈恐怖。

　　一個被警察抓過、開過庭，甚至被關過的十五歲少年，重返校園後，他心裡想要的很簡單，他只想要跟大家一樣，不想被另眼相待。畢竟，犯了這麼大的錯誤，一定會擔心老師、同學對自己感到失望，一定會後悔以前沒有聽師長的

話，一定害怕別人的每一個提問，所以只好選擇用最少的接觸來保護自己，於是不打招呼、進教室就趴著睡覺。他不想被任何人注意到。

當被別人用批判的眼光看待、被老師和同學當成壞學生的時候，他們會懷疑「自己能變好嗎？」要是只專注在他們過去種種，他們肯定覺得自己被討厭，那就會愈來愈不在乎了──「算了，想那麼多幹嘛，反正大家早就看我不爽了，反正我就是沒用的壞孩子。」

阿凱和小草的十五歲好沉重。其他同學的十五歲是想著下課要去占籃球場、每天在自己的床上睡覺，睡到被自己的爸媽挖起來、吃著家人準備的早餐和晚餐，雖然上課很辛苦，但放學後可以跟朋友 line 來 line 去聊整晚，或看看 IG、Youtube，就算被爸媽、老師念，都是幸福。

然而阿凱和小草，本來就過著和大家不一樣的生活，他們可能家庭環境複雜、誤交損友、被吸收進組織，搞得有家歸不得。彷彿是一趟又一趟異國的旅程，因為丟了護照，不

得不在陌生的地方落地生根，即使想著回家，卻無法結束這
趟旅程、回到那個曾經美好的家，因為家人不歡迎壞孩子。
是的，他們已經被當成壞孩子。

　　難道他們這一生就要因為一個汙點，從此被貼上標籤
嗎。在這個才十五歲的年紀，會不會太早了一點。想到即將
回學校的小草，我無法去忽略他可能的感覺與我的感覺。有
沒有可能大人想法的轉折，可以成為他們生命的轉折。開車
走錯路，轉回來就好了啊——人生可不可以也這樣，走錯了
方向，轉回來就好。

◤ 驅趕黑暗、照亮前方的過火儀式

　　「要是自己的家人朋友剛被關出來，你會怎麼做。應該
不會馬上叫他去上班吧？」我好奇地提出疑問，想知道大家
想的跟我一不一樣。

「對啊，應該要先過火，再吃一碗豬腳麵線去霉運。」組長的回應，讓我下了一個決定「這樣好，明天就幫他準備豬腳麵線。」一來是傳統觀念裡的過火去壞運，二來要大肆慶祝他的生日，重生之日。很多人都說學校要像個家一樣，我們就來做家人會做的事。

　　其實，我是試探性地建議，完全不知道其他同事怎麼想。畢竟沒有人這樣做過，輔導工作守則裡也沒這一項。最重要的是，大家都很忙，哪有時間去買。

　　「我知道哪裡有賣豬腳！」賴姐回應。幾位辦公室的同仁開始討論了起來。萬一這時出現的是「拜託，是他自己不學好、傷害到無辜的人，被關剛好而已。」「花時間在他身上幹嘛，浪費國家資源。」「校譽都被他破壞了，這種人幹嘛對他好，沒有好好教訓就不錯了。」以上這些想法，事情確實簡單多了，畢竟怪罪是最好推卸責任的方式，也不用那麼累。

還好，同事和我就想要不一樣，畢竟我們面對的是獨特且不一樣的孩子，這才是身為老師的價值所在。隔天，我因為出差無法親自迎接小草。坐在研習會現場，持續震動的手機打斷我的思緒。一則又一則 live 即時通知，都是關於小草回校「儀式」的訊息和相片。看到幹事賴姐親自餵他豬腳麵線，其他同事也準備火堆讓小草過火，雖然一度找不到打火機，最終火還是升起來了。

　　火光的溫暖，連我都感受到了。我不知道 iphone 除了傳訊息，還可以傳「溫度」，影片裡的火與煙，彷彿燻到我的眼睛，淚流不止。期待我們像家人般的心疼與祝福，這把星星之火會一直在他心中溫暖著，幫他驅趕黑暗，照亮前方。開錯路，轉頭回來就好，學生走錯路，我們可以迎接他，幫他重新踏上正途。

5 是什麼讓我們無法擁抱

陪學生勇敢活下去
讓他知道「自己不奇怪！」

「那時我想，老師會是我的浮木嗎？」

聽著小J談起他那段不為人知的國三生活，

我暗自發誓：不能讓這種事再次發生。

我不容許自己忽略每個載浮載沉的青春，

我，不只是浮木，還必須是救生艇，

關注著下沉中的學生，及時拉他一把。

來自畢業學生的當頭棒喝

前陣子因為「同婚專法」被列入公投項目裡，多元性別的議題發燒，又引起反同派與挺同派的激烈討論，這讓我想到之前和學生小J碰面時的談話。

小J是我帶的學生，已經讀大學了。國中時候的他，對於學習很主動，功課很好，知道自己要什麼，是那種不用老師、父母擔心的孩子。後來，他念是國立大學，在班上表現似乎也很活躍。

那一次，是他回學校來看我，一陣閒聊之後，他沒頭沒尾的提問「為什麼以前學校都不教『多元性別』。我覺得不管有沒有要公投，學校都應該要教多元性別，也要帶入『性別光譜』才對。」

「我很確定，你沒有教！」奇怪，我明明記得我都有教啊。會跟小J這樣的一般學生接觸，是在輔導課的時候，一個星期才一節課而已。其實，小J國中畢業都五、六年了，

卻那麼篤定，反而讓我疑惑了。但聽到他開始細數我們以前輔導課玩的活動、講的故事，我又相信他了。

「老師，我前陣子有談戀愛，對象是個男的。」他緩緩地說出這句話。對於他的坦白，我驚訝但不意外。他表示，國三的他過得很黑暗，不只為升高中而戰戰兢兢，也因為明明知道自己跟別人不一樣，還要假裝跟別人一樣。最痛苦的是，要裝得很開心的樣子，避免被別人發現心事。我很好奇他國三那段日子，是怎麼走過來的。

「念書的壓力跟這個比起來，根本不算什麼啊。老師，我國三才被你教到，那時就在想『這會是我的浮木嗎？』每個禮拜的輔導課，我都在期待你講到相關的議題，即使只是隻字片語，一點點都好。我想，這可以讓我覺得自己沒那麼怪，能得到一點點喘息的空間，因為那時候我已經快被孤獨感給滅頂了，好像全世界就只有我不一樣。只是一個禮拜又一個禮拜過去了，眼睜睜看到救生艇來了，然後又走了。我不敢呼救，只盼望你能看到我。不過，什麼也沒有發生，我繼續在海裡掙扎。」

回到那時候，我是可以拉他一把的，他是可以呼救的。但他沒伸出手，我也沒伸出手。對一個來到世界才十幾年的生命來說，怎麼能要求他有勇氣開口求救。而我身為一個老師，怎麼會沒有發現學生正在汪洋裡載浮載沉。

　　他說，甚至讀高中時，他要把 A 片女主角當成元素周期表，背得滾瓜爛熟，為的是跟同學討論，還要假裝很起勁。有一次，某堂課看了一部電影，出現了同性戀的畫面，全班不發一語，奇怪氣氛讓他感到窒息，為了掩飾自己的慌張，他跳出來說「噁心死了，真是死 gay ！」他告訴我，這件事讓他直到現在都無法原諒自己。

　　我不知道該說些什麼。對過去的他來說，說什麼都不對，說什麼都無法挽回。我只好顧左右而言他「對了，性別課程是安排在八年級啦，難怪你九年級那時候沒上到。」講完，真想給自己一巴掌，我這是在講什麼東西。其實，我好想回到當年的教室裡，對著國三的小 J 說「老師都知道，你一點都不奇怪。」

🔖 可以相互依偎卻把彼此愈推愈遠

「老師，我不是怪你，或要你同情我。我只是想讓你知道『你是一個很重要的人』，我相信學校有許多跟我一樣的學生，我希望在他們喘不過氣、快要滅頂的時候，你會是那根浮木，讓他們抓著，然後繼續活著。」

「謝謝你，願意跟我講這些，還好你好好的活著。對不起，我當年沒有支持到你，反而是你今天支持到我。」我暗自發誓，以後再也不允許這樣的狀況在我的課堂上發生，我沒辦法眼睜睜的看著一個青春生命就這樣沉下去。我，可以是那根浮木。

我在臉書上分享這次談話的想法和感受前，有先和朋友分享了這件事。他再三要我想清楚，應該是想勸退我吧，他認為這是很敏感、很爭議的話題。我說「如果當老師的都不敢講了，那怎麼對得起對學生的承諾，他們如何有勇氣去面對這個世界。」

在小 J 問我意見時，我建議小 J 暫時先不要想著向家人出櫃。根據經驗法則，出櫃只需要一分鐘的勇氣，但出櫃後每一秒鐘都是完全不同的世界。我不知道可能會遇到多少的、多大的問題或困難，也不知道自己能幫他什麼，站在這樣的角度，叫他「勇敢」出櫃很不負責任。我不是過來人，但我聽過蔡康永的一段話：

站在我的立場，我當然希望同志都出櫃，這樣我就不用那麼孤單。但站在理性的立場、如果你是我的弟弟，我會攔著你，勸你不要這樣做。我知道，我如果站到第一線去雄辯，可以影響一些人，但有時候我會覺得，壞就壞在我自己經歷過這些打擊，我知道有些人過不了。這是我心中最軟弱的部分，我若沒經歷過這些打擊，或許我比較能夠鼓勵大家出櫃。

在學校的諮商室裡，其實常有同學談起這個話題，他們總是有著相同的困惑：

「我只是想跟一般人一樣，為什麼這麼難？」

「老師，我只跟你講，你不要跟我爸媽講喔。」

「為什麼我是『同性戀』，我不想要不正常！」

「我試著喜歡異性，但再怎麼努力也沒有辦法。」……

孩子最跨不過的關卡，還是父母，擔心他們無法接受，於是把自己關起來。唯有父母的關心和支持，才是重新敞開心門的那把鑰匙。我也接觸過許多不知所措、向學校求救的家長，他們有的常是一貫地消極：

「先不要管啦，現在念書比較重要啦。」

「他年紀還這麼小，還不會分友情與愛情啦。」

「不是這樣子，他是被朋友或電視影響的。」……

家長轉移話題、沉默不語、否認到底、顧左右而言他，也許這些反應不見得是排斥，更多的是對孩子的擔心與不捨，或許在想到自己孩子的特殊狀況，還有往後必須面對的異樣眼光時，只好優先選擇用逃避來處理恐懼。我經常看到親子雙方都在各自的痛苦中掙扎，明明可以相互依偎、依靠，卻把彼此愈推愈遠。

📖 理解才能拿掉仇恨的眼光

在學習成為老師的過程中，我沒有學過「如何把喜歡同性的人教成喜歡異性」，也沒有能力「把喜歡異性的人教成喜歡同性」。我只知道如何在學生面對痛苦時，去了解他、接受他、陪他，並想辦法幫助他。

直到接觸到自己的學生，我才發現以前的自己不只什麼都不懂，還很不應該。學生時期的我，也曾經取笑同學是娘娘腔、gay。那個傷害已經造成，慶幸我現在還有彌補的機會。我期待能引導同學理解彼此的不同，引導他們去接納彼此的特性，不要跟我犯一樣的錯誤。

「讓我們不能擁抱彼此的，到底是什麼？」我始終有個疑問。孩子害怕不被接納、父母害怕孩子遭受異樣眼光，但不就是因為害怕，才更須要擁抱彼此嗎。孩子需要的是被理解與接受，如此一來，他就不會再是一個人去面對全世界。

當社會討論起這類話題時，時常太過對立，彷彿只能在

贊成與反對選邊站。只是哪有這麼簡單。生命歷程不能被過度簡化，因為過程充滿愛、在乎、擔心、不捨，分享這些點滴才會讓人更靠近。或許不用靠著否定別人來讓自己存在，包容不同的想法和話語，只有在對立的兩邊都不再那麼害怕了，才能看清楚問題的癥結點。

我和一群朋友曾經加入 FREE HUG 的街頭擁抱活動。選定一個人潮較多的地點，看到路人就要上前表示「我可以抱你一下嗎，謝謝你讓臺灣更好！」還記得，在等待對方回應的剎那，真的是剎那，不過幾秒鐘的時間，卻感到十分不安，好像把自己放到一個被選擇的平臺，可能被接受，也可能被拒絕。

被拒絕時，難免很受傷，好像整個人都被否定了。被接受時，看到對方張開雙手的那一刻，又覺得自己其實還不錯。由於怕被拒絕，起初我都只挑看起來和善、有親和力的路人，那些看起來冷漠的，都被我排除掉了。後來我發現，那些讓我感受最強烈的，是原本以為會被拒絕，卻張開雙臂

的那些人。後來，我調整心態，不再「以貌取人」，而是詢問每一個人，即使對方無法**擁抱**，我也傳遞祝福，畢竟這個活動的目的，是讓人收到溫暖。就算沒有**擁抱**，人與人之間的心也靠近了。

　　擁抱，其實不難，就是個選擇而已，不抱，也不代表就要拒人於千里之外。看似對立的兩個族群，不該互相仇視，就算暫時不能**擁抱**對方，至少可以先靠近、了解、接納這個必然存在的群體，用祝福的眼光來看，就不會那麼害怕了。

6 「線」與「限」的拿捏

你要扮演指引方向的燈或羈絆未來的綁架犯

風箏要飛得又高又遠，

不只需要逆風而行，還得有線牽引，

斷了線的風箏，只有墜落的命運。

只是線與限之間，是指引與羈絆之間。

管教，就像是一條無形的線，

必須適度時收放，孩子才能安心翱翔。

Chapter 3　讓孩子知道出錯是行為，
從來不是他這個人。

232

忘了收放，讓「線」變成「限」

曾經關注到一首十五所高中生聯合創作的畢業歌——風箏。真心覺得這個歌名完全符合青少年的狀態，也經常提醒身在學務處工作的我。每當遇到學生跑來抱怨其他老師或自己爸媽時，我會反問他們「知不知道風箏怎麼飛？」學生都很會「要有風，而且要逆風。」只是他們都忽略了那條隱形卻不得不存在的線。

要飛的又高又遠又不會失去方向，關鍵就是那條「線」。有了那條線適時地拉扯收放，調整角度，乘流而上，風箏才能持續地逆風飛行。不然，就算已經擁有一片天，擺脫細線的束縛、斷了線的風箏，只有墜落的命運。一只想要努力掙脫束縛的風箏，或許是那條線到最後只剩下「控制」和「羈絆」，忘了適時收放，線變成「限」。一「限」之隔，導致彼此關係的微妙隔閡。

導師對學務處最大的期望，往往是希望學務處把「秩序」管好，若班上學生出狀況，學務處最好要扮演神救援的

角色。但其實學務處還有另外一個很重要的功能——幫學生建構舞臺，辦理社團與活動。

學務處就像牽引風箏的那條線，透過拉扯與收放，讓孩子可以在安全與安定的環境裡逆風飛翔，向上爬升、飛得又高又遠，卻能不隨風而逝、不從高處墜落。控制這條「線」的目的是讓孩子在屬於他們的舞臺上綻放，而不是要將他們五花大綁，否則，學生只會把心力都花在掙脫上。

生教組的「收」搭配活動組的「放」，必須拿捏好平衡。把重心放在前者，學生可能會死氣沉沉，把心力投注在後者，學生的心可能會浮躁不定。矛盾衝突的兩者，也可以互補。

秩序需要管，但出事前講半天學生不聽，出事後念他，他更不爽，所以秩序管不好、愈管愈生氣，要不就管得更凶，製造更多衝突，要不就乾脆不管，放任他們，反正不要踩到雷都過關。這就像把線拉緊不放，或直接把線剪斷，兩者都達不到目的。

管教要有效，又不造成對立的關鍵，就像風箏的線，要是「透明的」，管教也要在「無形中」。利用活動建立默契和氛圍，潛移默化養成「習慣」，就算不得已出事了，人性本賤，吃苦才會叫佛祖，這時候，師長就要扮演佛祖，對孩子投以關愛與慈悲，伸手接住他們。與其花時間追著學生問題跑，不如先發制人，把危機處理的心力挪到前端。

從我自己想推，變成導師們主動推

　　為了安定學生浮躁的心，就來進行靜坐練習吧！當我上網用「校園」「靜坐」關鍵字去搜尋，怎麼都是抗議的例子。改成搜尋「學生」「靜坐」竟然發現根據研究，推動靜坐讓學生的成績提高10％、輟學率下降86％、暴力衝突減少了65％，而且學生明顯變得更快樂、專注和自信。這靜坐運動不推，哪對得起天地良心。接著，又看到幾個關鍵字「心寧靜運動」，就是這個了。

　　每個活動的推動要成功，其一需要老師配合，其二要

你要扮演指引方向的燈
或羈絆未來的綁架犯

學生真的做到。為了老師的動機，我們特地在開學前的備課日，辦理了一堂研習課程，還找來心寧靜運動推廣大師、時任泰山國中校長陳秀標來講解與說明。

聽到我們想推這樣的活動，陳校長有點擔心，因為那時我們學務處團隊新上任，若沒有循序漸進推活動，很難被老師接受。但我與團隊的決心擋也擋不住，一心想著「要推，就要一次成功！」後來，陳校長還是答應了，而且他以前輩身分建議「有幾件事情，你就按照我講的去做，千萬不要說是你要推的，『你只是邀請我來分享。』」「即使老師們聽了分享，覺得有興趣、可以辦，你也千萬不要馬上答應。」

直到研習當天，陳校長還在不斷叮嚀我這兩件事。透過陳校長幽默風趣的分享、還有兩位家長會長親自見證，整場研習會算是相當成功。到了尾聲，陳校長問大家「有機會的話，大家想不想參加心寧靜運動？」沒想到，現場有超過九成的聽眾都舉手。此時，陳校長勉為其難地說「主任只是邀請我來分享，結果卻要多一項心寧靜運動的業務。我知道學

讓孩子知道出錯是行為，
從來不是他這個人。

務處夠忙了，他又是第一年當。你們真的想的話，我就幫你們求情看看。但先說好，要是學務處真的願意，你們都要協助喔。」

　　果然，全場老師答案都偏向贊成的那一邊。陳校長轉過頭、看著站在舞臺角落的我，當著大家的面對我說「俊叡啊，導師們都希望嘗試，你就衡量一下吧，看能不能擠出時間來，我會盡最大的心力幫你的。」總覺得校長講完，還對我眨了眨眼睛。風向轉變了。本來是我想要推的，變成是大家想推，然後回頭拜託我一起努力。

翻轉課堂與學生的寧靜力量

　　陳校長的「扭轉」是用心良苦。行政與教師對立，大家都沒好處，但透過智慧來邀請或引導，以疏（找到老師內心想要的）、濬（強化需求）、導（看到可能性或成功經驗）、引（引發行動）才能順利達到目的。在《北風與太陽》的故事中，北風吹得再狂，行人只會把外套抓得更緊，而溫暖的

你要扮演指引方向的燈
或羈絆未來的綁架犯

太陽則讓行人主動把外衣脫掉。在校園裡，唯有老師與行政合作，才能用對的方法，讓對的事發生。

　　由於是第一個推動全校性的改變，我們預計先在開學典禮上，辦一個「全校靜坐誓師大會」，讓學生感受到「我們是玩真的。」由校長說明心寧靜運動的宗旨後，就帶領師生在學校廣場席地靜坐，近千人透過深呼吸、合掌、放鬆、寧靜下來的引導，一片和諧。

　　為了讓這個活動能細水長流，落實到每一個班級，我們還集合各班班長，教他們帶領的技巧，讓他們能夠 step by step，把每次上課鐘響起、就站上講臺、登記名字的例行工作，改成提醒並引領同學開始心寧靜運動。就這樣進行一陣子後，改變真的發生了。

　　過去上課鐘響完，全校還鬧哄哄的，任課老師進到教室，還得花個五分鐘、十分鐘才能讓學生安靜下來。不過，心寧靜運動後，幾乎能在上課鐘響完，全校就能迅速安靜。任課老師走進教室，不必再管秩序了，直接就能開始上課。

心寧靜運動變成學生的一種習慣，甚至帶他們出外比賽時，為了讓他們穩定心情，也會用相同的方式把心靜下來。

　　心寧靜運動能成功，歸功於簡單的方法、具體的動機，還有適時營造的外部氛圍。後來，我們收到很多老師的回饋，說學生狀況穩定多了、問題也減少很多，我們成功把「管」這件事，透過心寧靜運動化為無形的「氛圍」和潛移默化的「習慣」。當需要處理的學生問題減少，師長就有更多心力幫助孩子在舞臺上發揮。以前一直管，看的都是學生的缺點，後來更容易看見孩子的亮點。

看見每一個需要
擴大未來的無限可能

　　很多學生常會來找我問東問西，不管是不是我「權限內」可以處理的。我一直以為是我長得帥，幾經確認才知道是他們覺得「我比較聽得懂他們在說什麼」。還記得那天鐘聲已經響起，我悠哉地拿著咖啡、準備去上課。

　　迎面走來的是喜歡找我聊天的學生之一小嫻，但他不常上課了才來找我，他走到我面前，問我「老師，你有空嗎？」我告訴他要明天才要空跟他多談，因為學生找我，常常不是講個一兩分鐘就可以講完的。

　　「喔，那不用了……。」他皺著眉頭，頭低低地離開。嗯，這個樣子肯定有事。於是，趕緊追了上去「怎麼了，你說。」

　　「我媽很煩耶，每次都要拿我和我哥比。」
　　「如果我媽又這樣，說我笨，我要怎麼辦？」……

「你媽下次如果再比較，你就跟他講『沒辦法呀，我是你生的呀，基因嘛。』不然也可以說『我要讓哥哥啊，如果超過他，他一定會很沒面子啊。』」其實，我心裡一直惦記著要上課，想說先安撫一下，逗他開心。

「我不確定我是不是他們親生的。」小嫻面無表情的看著我，然後說了這句偶像劇中常有的臺詞。

「亂來，不要開這種玩笑。」好，我知道我錯了，搞笑搞歪了，所以我決定修正方向「你媽不會比誰比較乖、誰的品性比較好嗎？」

「嗯，我哥品性比我好，我會抽煙，他不會抽煙。」呃，最怕空氣突然安靜，瞬間四周凝結了三秒鐘。可是鐘聲都響完了，我真的要去上課了。我一邊加快腳步往前走，脫口說出「那你媽不會比你和你哥誰比較愛他嗎？」

「當然是我啊！」沒有遲疑，小嫻馬上回答，理直氣壯的樣子讓我心頭一震，停下腳步，盯著他，愈看愈心疼，好想把這一段錄下來，放給他媽媽聽。即使被比較而受傷，他對父母的愛仍是不假思索的。

後來，我整天一直惦記著這件事。下課後，我決定打通電話給小嫻的媽媽，把今天的對話告訴他。電話那頭靜默許久，要不是有擤鼻涕的聲音，我還以為被掛電話了。最後，我再三交代媽媽不能說我有打這通電話後，輕輕地掛上電話，深怕驚嚇到剛冒出頭的愛。

其實，對媽媽我也很不忍心，小嫻媽媽跟我接觸到的大多數家長一樣，都把愛藏在擔心的背後，還藏得挺好的，不容易被發現。而孩子真的是孩子，總是無法穿透父母擔心的面具，從一開始懷疑自己能力，到後來逐漸懷疑父母的愛。每次看到這樣的親子關係，總是焦急到想把兩邊都叫過來，給他們一計當頭棒喝。

爸爸媽媽就怕自己的孩子沒有競爭力，總是拿著別人的標準來跟自己的孩子比，他們忘記每個孩子都是不同的，為人師為人父母的，應該為孩子找到或創造舞臺。在屬於他們的舞臺上，就可以看到他們自信發光的一面。到時，我們只要坐在舞臺下欣賞，就可以知道他們多渴望能成為我們的驕傲。

讀到國中，孩子會知道自己不如人、不夠傑出、需要加強的地方，相信我，他們真的知道，不需要師長天天耳提面命，

告訴他們「你有多差！」與其落井下石，不如讓孩子知道自己可以抬頭挺胸，因為他們有別人所沒有的能力。這個世界是多元的，也請用多元的價值看待孩子。欣賞他們才能讓他們成為豐富世界的一部分。鼓勵他們成為獨特的孩子，別讓他們變成同一個樣子。

在二〇一九年六月七日，我建立了「in 教育工作坊」，也辦了北中南三場研習營和幾場分享，期待喚醒大家對教育的初衷。在一次活動結束後，幾位夥伴到臺前來，表示聽了分享很感動，詢問我是否可以到其他場合分享。

交流過程中，我瞥到人群後有一位壯壯的男老師，離我們有一些距離，彷彿在等待，又好像在發呆。過了一段時間、和夥伴互動結束、準備離去時，我發現他還在。我禮貌性的打了招呼「老師您好，您找我？」

「講師您好，我是來跟你說謝謝的。」我以為他是針對剛剛的分享，沒想到他繼續說「其實我是你學校學區裡的國小老師，今天的分享中我看到李〇〇、林〇〇，還有吳〇〇的照片，我是他們五、六年級的導師。」

　孩　子，　不　該　只　有　一　個　樣　子

　　他伸出手，繼續說「我看到他們在國中過得很好，不僅沒有被學校放棄，還受到如此用心的對待，所以想特地來謝謝你。謝謝你讓我知道他們遇到一群好老師，我一定要來親口說謝謝，謝謝你們的照顧。」

　　講著講著，他竟然哭了。我握著他的手，心頭一揪，竟然也止不住淚水。兩個大男人就在講臺前，一邊哭，一邊握著手，一邊互道感謝。幸好，大家都走光了，應該沒什麼人看到。

　　在他不斷道謝和眼淚的背後，我感受到的是他對孩子滿滿的關心和擔心。老師對學生的關懷並沒有因為學生畢業就停止，反而持續關注著孩子的動態，只希望下一個階段的他們，仍然可以受到好的對待與照顧。

　　其實，他提到的某兩位學生，剛上國中真的不太適應。有一位一開學就拒學，我們幾乎用盡各種策略，還到他家蹲門，硬是把他拖到學校。另一位則時常中輟，所以我們開發多元課程，帶他去跑馬拉松、去做服務，盡量融入校園。

　　我突然感到很欣慰。還好當初不只沒有放棄，還付出更多心力，總算沒有愧對國小老師的辛苦拉拔。每一個階段的教育，

每一個階段的老師，就像跑接力賽時，承先啟後、一棒接著一棒，陪著學生跑在人生賽道上，有時難免偏掉，把他們牽回來，還是可以朝正確的方向邁進。

　　如此一來，教育是可以給大家很大的安全感，不論是學生、家長，還是老師。或許有一天，換我遇到學生下個階段的老師，換我感謝他們照顧我曾經的學生。最後，我和這位國小老師擦乾眼淚、拍照留念，淚水澆灌後的笑容，就是特別燦爛。

in 教育，該你上場了

講不出口的話，總是迴響最大

二〇一八年十二月二十七日清晨，我五點多起床、出門，趕第一班高鐵、從臺南北上到全國教師工會總聯合會（全教總）報告提案。我開車從家裡出發到臺南高鐵站，老婆陪著我去，好把車開回家。

讓老婆那麼早就要做這個苦差事，有點過意不去，為了緩和一下氣氛，我隨口提了一個問題「回頭想一想，這段期間自己花錢花時間南奔北走、到處分享，到底是在幹嘛啊，傻呼呼的。今天跟全教總提案怎麼講比較好，給個建議吧！」

「你就去講一個故事啊。去跟他們講一個故事，要告訴他們『為什麼非要做這件事不可』，還有為什麼非你做不可？」這段話在我胸口迴盪著。

每年開學前，網路上總會瘋傳這樣的電影海報，寫著「年度最強災難鉅片／即將上映／暑假即將結束／無數國高中生含淚演出」。開學是災難，七月的暑假更是恐怖到了極點，不只父母頭痛，大街小巷也一片哀嚎。國曆七月「校門關」比農曆七月「鬼門開」還可怕。

　　鬼門開只有一個月，但暑假長達兩個月，到處都是「小鬼」，躲也躲不掉。原來學校是監獄，甚至地獄，關了一堆牛鬼蛇神在裡面。當家長要把孩子送到地獄……是學校啦，總是有著許多擔心，擔心遇到不適任教師、霸凌或孩子會不會變壞。學校則是超怕遇到媽寶或怪獸家長。

　　綜上所述，校園聽起來根本是「恐懼的綜和」，只是每一位孩子都得走一遭，無一倖免。諷刺的是，我們還期待每一位

孩子在經過校園恐懼的綜合洗禮後，可以有充滿希望的未來或為大家的未來帶來希望。

問自己，想要怎樣的未來

難過的是，身為教育工作者，自己也深陷其中，面對改變經常無能為力。每一個來當老師的人，一開始（至少考教甄的時候）絕對都滿懷理想、想為教育貢獻，當發現理想只能是夢想時，熱情隨著時間過去，逐漸熄滅。只是講不出來的話會撞擊著心臟，發出的迴聲巨響，騙不了自己。

「為什麼非要做這件事不可？」眼前閃過的是一幕幕的回顧畫面。學生握著拳頭想抗議自己無法進入校園學習。正值青春活力的生命，在國中階段被壓抑到無法呼吸，老師辛苦的工作卻改變不了現況，家長提心吊膽的把孩子交給學校。每一個人都不開心。

各種委屈、不捨、無力、難過的情緒全湧上來，卻講不出一句話，深怕一個起伏，眼淚就奪眶而出，轉過頭想偷瞄一下老婆，沒想到他竟是眼睜睜地瞧著我，看穿我。我的眼淚再也止不住，紅著眼眶走進高鐵車廂。是，我就去講一個故事。我知道自己沒有很厲害，但是我透過我這塊「敲門磚」，看能不能成就一些事。

　　我初任老師是在南投偏鄉的瑞竹國中，學校在山裡面，特色是環境教育，擔任教導主任時，我常利用沒課的時間整理環境，拿鋤頭的時間可能比拿筆還多。有一次，剛在籃球場旁種了三棵樹，滿身大汗回到辦公室，喝水喝到一半，遠遠看見校長招手、叫我過去，他要我把剛種好的雞油樹挖起來重種。

　　「你沒有種錯，只是它們的間距太近了。」時任蘇坤芳校長告訴我，我們種樹的時候，要想著十年、二十年後，樹長大

的樣子。教育也是，而且要更小心，樹可以挖起來重種，人不可能砍掉重練。

　　曾有一個孩子問過我「老師，你為什麼要當老師？」我的回答是因為當不了總統、當不了企業家、當不了設計師、當不了警察、當不了藝術家，只好當老師。

　　孩子笑我「您好遜喔！」但我告訴他，我可以教出總統、企業家、設計師、警察等「你可能就是其中的一位，所以你對我很重要！」我期待透過教育教出一群熱情的孩子，然後把熱情散播到各個角落，慢慢地溫暖這個社會，讓我們的家園成為我們喜歡的樣子。

in 教育，一起對教育上癮

　　這樣的未來多讓人嚮往呀，如果教育能給一個孩子正向的

影響，每個孩子背後就是一個家庭，改變孩子就是改變家庭，改變家庭就改變臺灣了。我常常幻想著這些美好的畫面，老婆總是吐槽我「太理想化了！」如果連教育都不談理想，那還有哪裡可以談理想，我們又要如何面對即將長大的孩子。

「到底可以怎麼做？」帶著這樣的疑問，我拖著行李箱到處去請教，體制內、體制外跑透透，有天，我來到教師最大的組織——全國教師工會總聯合會。第一次報告時，我理直氣壯地跟理事長還有全教總的幹部說「因為你們是全國最大的組織，關於校園文化跟班級文化的經營，應該由你們來做。」

我永遠記得理事長的回應「俊叡，這件事真的很重要，一定要做，但不是由我們來做，因為是你提的，所以由你來做。我會想辦法，你帶著我們做。」當下我不敢把這些話當真，畢竟他們是為全國教師奔走的團體，即使不是客套話，也不見得有心力理我。

直到全教總理事長張旭政傳來訊息，告訴我經費通過了，可以開始辦理工作坊，我才確定他們是認真的。「當你真心想完成一件事情，全世界都會來幫忙。」這句話是真的。

接著「in 教育」工作坊成立了。過程中有害怕也有擔憂。每一次我都不斷想起學生教給我的勇敢、樂觀，也提醒自己「教育是我的工作」，既然我已經是個老師了，我就是改變教育的人，更希望這個環境會因為我，而有一點點的不一樣。害怕的時候，我會默念「我就是改變教育的那個人」三次，每次念完就會充滿能量。還有誰是改變教育的那個人，就是正在閱讀這本書的你。

把教育當成是個「運動」，人人都可以是這個運動的推動者，用自己的方式影響教育，引燃教育的初衷，讓孩子對學習上癮，讓我們享受其中。邀請你一起 in 教育 injoy。

孩子，不該只有一個樣子

體制內教育、框架外學習，
看見每一個需要，擴大無限可能

作　　者｜吳俊叡
選　　書｜林小鈴
文字協力｜林子涵
企劃編輯｜蔡意琪

行銷經理｜王維君
業務經理｜羅越華
總 編 輯｜林小鈴
發 行 人｜何飛鵬
出　　版｜新手父母出版
　　　　　臺北市中山區民生東路二段141號8樓
　　　　　電話：02-2500-7008　　傳真：02-2502-7676
　　　　　E-MAIL：bwp.service@cite.come.tw
發　　行｜英屬蓋曼群島商家庭傳媒股份有限公司城邦分公司
　　　　　臺北市中山區民生東路二段141號11樓
　　　　　書虫客服服務專線：02-2500-7718；02-2500-7719
　　　　　24小時傳真專線：02-2500-1990；02-2500-1991
　　　　　服務時間：週一至週五上午09:30～12:00；下午13:30～17:00
　　　　　讀者服務信箱：service@readingclub.com.tw
劃撥帳號｜19863813　戶名：書虫股份有限公司

香港發行｜城邦（香港）出版集團有限公司
　　　　　香港灣仔駱克道193號東超商業中心1樓
　　　　　電話：852-2508-6231　　傳真：852-2578-9337
　　　　　電郵：hkcite@biznetvigator.com
馬新發行｜城邦（馬新）出版集團 Cite(M) Sdn. Bhd.
　　　　　41, Jalan Radin Anum, Bandar Baru Sri Petaling,
　　　　　57000 Kuala Lumpur, Malaysia.
　　　　　電話：603-9057-8822　　傳真：603-9057-6622

封面設計｜劉麗雪
內頁設計・排版｜吳欣樺
製版印刷｜卡樂彩色製版印刷有限公司

初版｜2020年09月03日
初版3.5刷｜2020年12月16日
定價｜350元
ISBN｜978-986-5752-87-3

城邦讀書花園
www.cite.com.tw
Printed in Taiwan

國家圖書館出版品預行編目資料

孩子不該只有一個樣子：體制內教育、框架外
學習，看見每一個需要，擴大無限可能 ／吳
俊叡著. -- 初版. --臺北市：新手父母出版：
家庭傳媒城邦分公司發行, 2020.09
　　面； 　公分
　　ISBN 978-986-5752-87-3 （平裝）

　　1.學校教育　2.教育規劃　3.教育行政
520　　　　　　　　　　　　　　109009766

孩子，
不該只有
一個樣子

孩子，
不該只有
一個樣子